MTI

# 全国翻译硕士专业学位（MTI）备考用书

# 汉语写作与百科知识历年真题汇编与解析

主编 王 琳 樊 毅

编委 别尽秋 张云清 余 乐 晏亚强 苏秋军 江 雯 石亮亮 梁耀丹 陈 娟 宁 波 郑 莺

中国人民大学出版社

· 北京 ·

图书在版编目（CIP）数据

汉语写作与百科知识：历年真题汇编与解析 / 王琳，樊毅主编. —北京：中国人民大学出版社，2024. 7.

（全国翻译硕士专业学位（MTI）备考用书）.

ISBN 978-7-300-33033-4

Ⅰ. H152

中国国家版本馆 CIP 数据核字第 20240R6M43 号

全国翻译硕士专业学位（MTI）备考用书 · 汉语写作与百科知识 · 历年真题汇编与解析

主编　王　琳　樊　毅

编委　别尽秋　张云清　余　乐　晏亚强　苏秋军　江　雯
　　　石亮亮　梁耀丹　陈　娟　宁　波　郑　莺

Quanguo Fanyi Shuoshi Zhuanye Xuewei (MTI) Beikao Yongshu · Hanyu Xiezuo yu Baike Zhishi · Linian Zhenti Huibian yu Jiexi

---

| | | | |
|---|---|---|---|
| 出版发行 | 中国人民大学出版社 | | |
| 社　址 | 北京中关村大街 31 号 | 邮政编码 | 100080 |
| 电　话 | 010-62511242（总编室） | | 010-62511770（质管部） |
| | 010-82501766（邮购部） | | 010-62514148（门市部） |
| | 010-62515195（发行公司） | | 010-62515275（盗版举报） |
| 网　址 | http:// www. crup. com. cn | | |
| 经　销 | 新华书店 | | |
| 印　刷 | 北京七色印务有限公司 | | |
| 开　本 | 787 mm×1092 mm　1/16 | 版　次 | 2024 年 7 月第 1 版 |
| 印　张 | 12.25 | 印　次 | 2024 年 7 月第 1 次印刷 |
| 字　数 | 266 000 | 定　价 | 45.00 元 |

---

# 前言 PREFACE

本套备考用书由译国译民教研团队编著，是一套专为翻译硕士考研设计的系统教材。

编写团队由毕业于北京大学、厦门大学等知名院校的老师组成，他们将自己在日常教学中积累的丰富经验和深厚的学术理论融入备考用书，将体系化的译国译民 MTI 备考解决方案呈现给广大考生。

本套备考用书的亮点和特色如下：

**真题新，解析深入浅出：**精选了 2019 年至 2024 年部分热门院校的翻译硕士考研真题，提供详尽的译文解析和技巧点拨，帮助考生深入理解考题要求和评分标准，学习应试技巧。

**知识全面，梳理系统化：**系统整理了 MTI 高频常考的百科知识和英汉互译短语，帮助考生打好基础，拓宽知识面。

**策略有针对性，指导更专业：**本套备考用书涵盖了翻译硕士考研的三大科目，特别强调“英语翻译基础”科目的解析，提供专业的学习方法和复习策略，使得内容针对性强，适应性广。

**模拟真实场景实战，密集训练提分快：**结合历年真题，设计了大量的模拟练习题和案例分析，内容设计贴近考生需求，在实践中学习和巩固翻译技能和解题能力。

在您备考的旅途中，希望这套备考用书能够成为您的学习伴侣，帮助您向着成功的方向前进。我们衷心祝愿每一位考生都能在翻译硕士考研的征途中取得优异成绩，实现自己的梦想。让我们一起，以翻译为桥，连接不同的语言和文化，让这个世界因为翻译而更加美好。翻译，就是益国益民。

译国译民教研中心

2024 年 6 月

扫一扫，加入英语专业
考研交流 QQ 群

# 目录 CONTENTS


北京外国语大学 2024 年研究生入学考试试题（考生回忆版）…… A2
北京外国语大学 2024 年研究生入学考试试题（考生回忆版）参考答案 …… A4

上海外国语大学 2024 年研究生入学考试试题（考生回忆版）…… B2
上海外国语大学 2024 年研究生入学考试试题（考生回忆版）参考答案 …… B4

天津外国语大学 2023 年研究生入学考试试题 …… C2
天津外国语大学 2023 年研究生入学考试试题参考答案 …… C5
天津外国语大学 2022 年研究生入学考试试题 …… C11
天津外国语大学 2022 年研究生入学考试试题参考答案 …… C15

南开大学 2023 年研究生入学考试试题 …… D2
南开大学 2023 年研究生入学考试试题参考答案 …… D4
南开大学 2022 年研究生入学考试试题 …… D9
南开大学 2022 年研究生入学考试试题参考答案 …… D11

大连外国语大学 2023 年研究生入学考试试题 …… E2
大连外国语大学 2023 年研究生入学考试试题参考答案 …… E4
大连外国语大学 2022 年研究生入学考试试题 …… E9
大连外国语大学 2022 年研究生入学考试试题参考答案 …… E11
大连外国语大学 2021 年研究生入学考试试题 …… E16
大连外国语大学 2021 年研究生入学考试试题参考答案 …… E18

西安外国语大学 2023 年研究生入学考试试题 …… F2
西安外国语大学 2023 年研究生入学考试试题参考答案 …… F4
西安外国语大学 2022 年研究生入学考试试题 …… F9
西安外国语大学 2022 年研究生入学考试试题参考答案 …… F11
西安外国语大学 2021 年研究生入学考试试题 …… F16
西安外国语大学 2021 年研究生入学考试试题参考答案 …… F19

厦门大学 2023 年研究生入学考试试题 …… G2

厦门大学 2023 年研究生入学考试试题参考答案……G5
厦门大学 2022 年研究生入学考试试题……G10
厦门大学 2022 年研究生入学考试试题参考答案……G12

中山大学 2023 年研究生入学考试试题……H2
中山大学 2023 年研究生入学考试试题参考答案……H5

暨南大学 2022 年研究生入学考试试题……I2
暨南大学 2022 年研究生入学考试试题参考答案……I7
暨南大学 2021 年研究生入学考试试题……I14
暨南大学 2021 年研究生入学考试试题参考答案……I19

西安电子科技大学 2021 年研究生入学考试试题……J2
西安电子科技大学 2021 年研究生入学考试试题参考答案……J5
西安电子科技大学 2020 年研究生入学考试试题……J11
西安电子科技大学 2020 年研究生入学考试试题参考答案……J14

宁波大学 2023 年研究生入学考试试题……K2
宁波大学 2023 年研究生入学考试试题参考答案……K4
宁波大学 2022 年研究生入学考试试题……K9
宁波大学 2022 年研究生入学考试试题参考答案……K11

MTI

# 北京外国语大学
# 研究生入学考试


北京外国语大学 2024 年研究生入学考试试题（考生回忆版）…… A2

北京外国语大学 2024 年研究生入学考试试题（考生回忆版）参考答案 …… A4

# 北京外国语大学 2024 年 研究生入学考试试题 （考生回忆版）

## 汉语写作与百科知识

（本部分试题为考生回忆版，由考生根据自己的记忆整理而成，而非直接来源于官方真题，因此与实际真题可能存在一定程度的出入，对于可能出现的差异，望您谅解。您在发现任何与官方真题不符的内容时，请积极向我们反馈，以便我们在后续的修订中不断完善和更新。）

## 一、名词解释（每小题 5 分）

1. 纪传体
2.《理想国》
3. 客家
4. 书院
5. 哥白尼
6. 爵士乐
7. 人工智能
8. 薛定谔的猫
9. 蒙太奇
10. 奥运会

## 二、应用文写作（40 分）

海报是极为常见的一种招贴形式，多用于电影放映、戏剧演出、比赛、文艺演出等活动。海报中通常要写清楚活动的性质、主办单位、时间、地点等内容。宣传海报的语言要求简明扼要，要具有一定宣传性。

现北京外国语大学英语学院王明教授要举办一场学术讲座，请你拟一份海报，包括讲座性质、时间、地点、举办单位等内容，要具有宣传效果和针对性，格式包括标题、正文、落款。字数 400 字左右。

## 三、现代汉语写作（60 分）

有鸟焉，其名为鹏，背若太山，翼若垂天之云，抟扶摇羊角而上者九万里，绝云气，负青天，然后图南，且适南冥也。斥鴳笑之曰："彼且奚适也？我腾跃而上，不过数仞而下，翱翔蓬蒿之间，此亦飞之至也。而彼且奚适也？"——《庄子·逍遥游》

请根据以上材料撰写一篇文章，题目自拟，800 字左右。

# 北京外国语大学 2024 年 研究生入学考试试题 (考生回忆版) 参考答案

## 一、名词解释

1. **纪传体：** 史书的一种体裁，以人物传记为中心叙述史实，一般由纪、表、书志和列传四体构成，个别纪传体史书另有世家、载记部分。这种体裁形式始于汉代司马迁所著的作品《史记》，这是中国第一部纪传体史书。中国的官方正史“二十四史”，都依照《史记》体例，以纪传体编纂而成。
2. **《理想国》：** 古希腊哲学家柏拉图创作的一部哲学对话体著作，约成书于公元前 380 年。这部作品以对话体的形式呈现，主要探讨了理想国家的构建、治理和正义等主题，涉及政治学、教育学、伦理学、哲学等多个领域，几乎代表了整个希腊的文化，是西方政治哲学的奠基之作，在英国被评为最具影响力的 20 本学术书之一。
3. **客家：** 又称客家民系，是中国广东、福建、江西等地的汉族民系，是世界上分布范围广阔、影响深远的民系之一。客家这一称谓源于东晋南北朝时期的给客制度及唐宋时期的客户制度，移民入籍者皆编入客籍，客籍人遂称为客家人。客家文化有古汉文化活化石之誉，源自中原汉人南迁时自身所保留的唐宋时期的华夏文化。
4. **书院：** 书院是中国古代特有的教育组织形式，以私人创办和主持为主，集图书收藏、校对、教学与研究于一体，是相对独立于官学的民间性学术研究和教育机构。书院兴起于宋朝，一方面为士人提供了学习和求取功名的场所，另一方面也为朝廷培养了大批文治人才。著名的书院有应天书院、岳麓书院、白鹿洞书院、嵩阳书院、石鼓书院等。
5. **哥白尼：** 哥白尼是文艺复兴时期波兰天文学家、数学家、教士。他提出了“日心说”，改变了人类对自然、对自身的看法。尽管当时罗马天主教廷认为他的“日心说”违反《圣经》，但他仍坚信“日心说”，并经过长年的观察和计算完成了伟大的著作《天体运行论》。哥白尼的“日心说”更正了人们的宇宙观，他也成为欧洲文艺复兴时期的一位重要人物。
6. **爵士乐：** 爵士乐是一种发源于 19 世纪末 20 世纪初美国南部港口城市新奥尔良的音乐

类型，它以布鲁斯和拉格泰姆为基础，讲究即兴发挥，以具有摇摆特点的 shuffle 节奏为基础。爵士乐是非洲黑人文化和欧洲白人文化的结合，其发展过程中经历了从新奥尔良到芝加哥再到纽约的转移，最终风靡全球。爵士乐的主要风格包括新奥尔良爵士乐、摇摆乐、比博普、冷爵士、自由爵士乐、拉丁爵士、融合爵士等。

7. **人工智能**：人工智能是一门新兴的技术科学，研究、开发用于模拟、延伸和扩展人的智能的理论、方法、技术及应用系统。人工智能是一个以计算机科学为基础，由计算机、心理学、哲学等多学科交叉融合的交叉学科。人工智能的应用领域广泛，包括机器人、语言识别、图像识别、自然语言处理和专家系统等。

8. **薛定谔的猫**：奥地利物理学家薛定谔提出的一个思想实验，该实验描述了一只猫被放在一个装有少量镭和氰化物的密闭容器里。根据量子力学理论，由于放射性的镭处于衰变和没有衰变两种状态的叠加中，猫就理应处于死猫和活猫的叠加状态。这个实验试图从宏观尺度阐述微观尺度的量子叠加原理的问题，巧妙地把微观物质在被观测后是粒子还是波的存在形式和宏观的猫联系起来，以此求证观测介入时量子的存在形式。

9. **蒙太奇**：蒙太奇原为建筑学术语，意为构成、装配，后被引用到电影艺术中，指一种特殊的剪辑手法。它可以通过不同镜头的组合和剪辑，创造出独特的视觉效果和情感表达。蒙太奇在电影制作中扮演着重要的角色，有助于导演表达思想、塑造角色、营造氛围等。

10. **奥运会**：奥林匹克运动会的简称，是国际奥林匹克委员会主办的世界规模最大的综合性运动会，每四年一届。奥运会分为夏季奥林匹克运动会、冬季奥林匹克运动会等多个类别。奥运会中，各个国家和地区用运动交流文化，以及切磋体育技能，其目的是鼓励人们不断进行体育运动。奥林匹克运动会发源于两千多年前的古希腊，因举办地在奥林匹亚而得名。

## 二、应用文写作

**【题目解析】**

宣传海报的语言要求简明扼要，要具有一定宣传性，也就是要用足够精简的语言说清楚需要宣传的内容，要让读者知道你想表达什么，也要让读者明白自己需要知道什么。

**【参考作文】**

### “魔鬼”还是“天使”？王明教授带你窥探 AI 在翻译领域的前景

亲爱的同学们：

在 AI 快速发展的当代，机器替代译员的言论此起彼伏。我们不禁也会问自己：语言从业者真的要失业了吗？未来会是 AI 的时代吗？为此，我们荣幸地邀请到了知名学者王明教授，为大家带来“AI 在翻译领域的前景”主题学术讲座。

王明教授深耕机器翻译交叉学科多年，对人工智能在翻译领域的应用有着深厚研究。

在人工智能工具的不断发展下，他带领着团队不断提升机器翻译的准确率，致力于推动新时代译员的发展，为翻译行业的未来注入新的活力。他的工作和研究对于促进机器翻译技术的发展和翻译行业的进步具有重要意义。

讲座性质：本次讲座为学术交流活动，旨在拓宽师生学术视野，增进对翻译学科领域的理解，激发创新思维。王明教授将围绕翻译行业的前沿动态、研究方法及实践应用展开深入讲解，为师生提供宝贵的学术启示。

举办单位：北京外国语大学英语学院

讲座时间：2024 年 6 月 21 日，14:00—16:00

举办地点：英语学院学术报告厅

衷心感谢大家的关注与参与，请务必在指定时间到达会场，以便顺利参与讲座，欢迎大家与我们共同交流！

北京外国语大学英语学院

2024 年 6 月 20 日

## 三、现代汉语写作

【题目解析】

题目内容出自《庄子·逍遥游》，讲的是寒蝉与小灰雀对“鹏”飞上九万里高空的不理解。我们可以通过这个故事看到胸怀志向之人和胸无大志之人的区别，明确要“像鲲鹏一样扶摇直上九万里”、要“胸有大志”这样的主题，从理想、信念、责任、梦想等角度出发撰写作文即可。

【参考作文】

### 不耻数仞，敢负青天

大鹏一日同风起，扶摇直上九万里。也许李白也会佩服庄子在尺寸间胸中写下的万千豪气。如今“躺平”之风盛行，似乎胸无大志已经是人之共识，甚至还有人对奋进之士抛以鄙夷。仔细想想，作为新时代的年轻人，我们心怀的梦想究竟是要腾跃数仞而下、翱翔蓬蒿之间，还是要背负青天、莫之夭阏，而后乃今将图南？

自古以来，成大事者必先立其志，反之碌碌无为。秦始皇帝游会稽，渡浙江梁与籍俱观，项羽便能豪气地说出“彼可取而代也”。值武昌首义，革命先烈在清政府与日本帝国主义的剥削下，证明了天下未发我首发、无人敢为我敢为的决心。司马迁忍受宫刑后，更加坚定了点明春秋、挑明历史的决定。这就是志向，一个人一生最伟大的目标。

观天地宇宙，凡成大功者，心中都有一片星空。因为希望，所以坚守。看王阳明月夜格竹，纵使身处穷山恶水生死一线也不忘圣人之道，终成心学大宗；朱子晚年被斥“伪学魁首”，在血雨腥风的“庆元党禁”中，不顾足疾目盲整理遗篇著作，终开理学百年之章；苏轼乌台诗案后被贬黄州，“左牵黄，右擎苍”，何等的少年狂气！若无淬火百炼，此三子怎能在霜雪之后稳其根本，终其德慧？

然便览史书，成大事业并非一帆风顺，有信仰方可达。五四运动一声炮响，打破了北洋政府虚华假象与空虚躯壳。于是黑暗中乍泄天光万顷，青年志士奔走呼号，面对政府兵刃相对，他们呼号“外争国权，内除国贼”。面对体肤之痛、切肤之伤，他们表示“我效法造化底精神，我自由创造，自由地表现我自己”。宁为兰摧玉折，不作萧敷艾荣。既是命运要我们逆风而行，我们怎能够随风而去？是近代无数文人志士的“南冥”之梦，才将中国从水深火热中解放出来，终重振我中华之魂哉！

面对世界的变幻，我们要看到机遇之尚存；面对浮躁的风气，我们需看到坚持的可贵；面对井底之蛙的奚落，我们更应看到信仰的力量。大鹏一日同风起，扶摇直上九万里。年轻人当志存高远，坚守信仰；不耻数仞，敢负青天！

MTI

# 上海外国语大学
# 研究生入学考试


上海外国语大学 2024 年研究生入学考试试题（考生回忆版）…………………………………… B2

上海外国语大学 2024 年研究生入学考试试题（考生回忆版）参考答案 ………………………… B4

# 上海外国语大学 2024 年研究生入学考试试题（考生回忆版）

## 汉语写作与百科知识

（本部分试题为考生回忆版，由考生根据自己的记忆整理而成，而非直接来源于官方真题，因此与实际真题可能存在一定程度的出入，对于可能出现的差异，望您谅解。您在发现任何与官方真题不符的内容时，请积极向我们反馈，以便我们在后续的修订中不断完善和更新。）

## 一、词句解释（每小题 6 分）

1. 工欲善其事，必先利其器
2. 知之为知之，不知为不知，是知也
3. 不积跬步，无以至千里；不积小流，无以成江海
4. 海内存知己，天涯若比邻
5. 观一叶而知秋，道不远人即为此

## 二、简答题（30 分）

1. 中国在哪一年恢复了在联合国的合法席位？（3 分）
2. 联合国安理会有多少成员国？常任理事国是哪几个？（每个问题 2.5 分，共 5 分）
3. 巴西、瑞士、伊朗、澳大利亚和南非的首都分别是什么？（10 分）
4. 除了一国以外，中国与邻国都划分了陆地边界，这一国是哪一国？（2 分）
5. 列举世界五大主要货币。（10 分）

## 三、谈谈你对欧盟的了解（20 分）

## 四、作文（70 分）

1. 中国早在 20 世纪 50 年代对外关系中就提出了互相尊重主权和领土完整、互不侵犯、互不干涉内政、平等互利、和平共处五项原则，后来被称为和平共处五项原则，谈谈你的理解。（400 字，30 分）

2. 为什么气候变化会成为热门话题？（500 字，40 分）

# 上海外国语大学2024年研究生入学考试试题（考生回忆版）参考答案

## 一、词句解释

1. **工欲善其事，必先利其器：** 出自《论语·卫灵公》。这句话的意思是，工匠要想做好他的工作，一定要先使他的工具锋利。换句话说，要想把事情做得尽善尽美，必须首先使自己所用的工具精良完善。这句话的寓意非常深远，不仅适用于工匠，如今也适用于各行各业的人，即无论是学习、工作还是生活，都需要有适当的工具和准备，才能更有效地完成任务，取得更好的成果。
2. **知之为知之，不知为不知，是知也：** 出自《论语·为政》。这句话的意思是：知道就是知道，不知道就是不知道，这才是真正的智慧。孔子认为，对待任何事物都要有谦虚、诚恳、老实的态度，知道就是知道，不知道就是不知道，不要不懂装懂，自欺欺人。这句话还蕴含一个深层次的含义，即真正的智慧不在于知道多少，而在于知道自己知道什么、不知道什么，以及如何去探索和学习那些自己不知道的东西。
3. **不积跬步，无以至千里；不积小流，无以成江海：** 出自先秦时期思想家荀子的《劝学》。它的意思是：如果不积累一步半步的行程，就无法达到千里之远；不积累细小的流水，就无法汇聚成江河大海。这句话强调了积累和持续努力的重要性。无论是千里之行还是江海之阔，都是由一点一滴的积累和坚持得来的。它鼓励我们在追求目标的过程中，要有耐心和毅力，通过不断的努力和积累，最终实现我们的梦想和追求。
4. **海内存知己，天涯若比邻：** 出自唐代诗人王勃的《送杜少府之任蜀州》。这句话的意思是：四海之内有知心朋友，即使远在天边，也好像近在眼前。这句诗表达了诗人对友情的深刻理解和珍视，即使朋友身处远方，但只要有真挚的友情，也仿佛彼此近在咫尺。它强调了友情的超越性和真挚性，不受时间和空间的限制。这句诗成为表达深厚友情和超越时空界限的经典之作，被广泛引用和传颂。
5. **观一叶而知秋，道不远人即为此：**“观一叶而知秋”出自《淮南子·说山》，意思是通过观察一片落叶，就能知道秋天已经来临。它比喻通过个别或局部的细微征兆，可以推知整体或全局的情况和趋势。这体现了古人对于自然界细微变化的敏锐洞察力和对整体与部分关系的深刻理解。“道不远人即为此”，这句话是对前半句的一种哲学性解释。这里的“道”可以理解为真理或规律，“不远人”意味着这些真理或规律并不遥远，它们就在我们身边，与我们的生活息息相关。因此，“道不远人即为此”可以理解为，通过观察和理解生活中的细微现象，我们就可以领悟到真理和规律，从而更好地认识世界和自身。

## 二、简答题

1. 中国在哪一年恢复了在联合国的合法席位？

答：中国恢复联合国合法席位的时间是1971年。

2. 联合国安理会有多少成员国？常任理事国是哪几个？

答：联合国安理会共有15个成员国，其中包括5个常任理事国和10个非常任理事国。常任理事国是中华人民共和国（中国）、俄罗斯联邦（俄罗斯）、大不列颠及北爱尔兰联合王国（英国）、法兰西共和国（法国）和美利坚合众国（美国）。

3. 巴西、瑞士、伊朗、澳大利亚和南非的首都分别是什么？

答：巴西的首都是巴西利亚。瑞士的首都是伯尔尼。伊朗的首都是德黑兰。澳大利亚的首都是堪培拉。南非比较特殊，共有三个首都。其行政首都是比勒陀利亚，立法首都是开普敦，司法首都是布隆方丹。

4. 除了一国以外，中国与邻国都划分了陆地边界，这一国是哪一国？

答：我国共14个陆地邻国，其中我国与印度尚未完全划定陆地边界。

5. 列举世界五大主要货币。

答：世界五大主要货币包括：

美元：美元是世界上最主要的储备货币之一，也是全球流通最广的货币之一。

欧元：欧元是欧洲货币联盟的官方货币，是世界上第二大储备货币。

日元：日本的官方货币。

英镑：英国的官方货币。

人民币：人民币是中国的官方货币，也是世界上最重要的新兴市场货币之一。

## 三、谈谈你对欧盟的了解

答：

欧盟，全称欧洲联盟，由欧洲共同体发展而来，总部设在比利时首都布鲁塞尔。其创始成员国有6个，分别为西德、法国、意大利、荷兰、比利时和卢森堡。如今，欧盟已拥有27个成员国，共同使用24种官方语言。欧盟不仅在政治、经济和军事方面有所建树，还在文化领域有着显著的影响力。此外，欧盟还在应对全球性议题，如气候变化、生物多样性、粮食安全等领域，积极寻求与中国的合作。

当然，当今的欧盟也面临诸多挑战：

在经济方面，欧盟面临着疲软的经济状态，表现在国内生产总值的连续下降和缺乏增长。此外，美国抢占欧洲的能源市场和工业体系，对欧盟经济造成了进一步的压力。

在国际政治方面，欧盟在处理与其他大国关系时也面临挑战。例如，俄乌冲突对欧盟产生了重大影响，不仅造成了巨大的经济损失，还增加了对难民的接收压力。在处理这一危机时，欧盟内部意见难以统一，这也暴露了其决策机制上面临的挑战。

## 四、作文

1. **中国早在20世纪50年代对外关系中就提出了互相尊重主权和领土完整、互不侵犯、互不干涉内政、平等互利、和平共处五项原则，后来被称为和平共处五项原则，谈谈你的理解。**

【参考作文】

### 和平共处五项原则对当今国际政治的意义

和平共处五项原则，即互相尊重主权和领土完整、互不侵犯、互不干涉内政、平等互利、和平共处，是新中国对外政策的基石，也是维护世界和平与稳定的重要原则。在当今国际政治中，和平共处五项原则仍然具有重要意义。

推动主权平等。在当今世界，各国都是国际社会平等的一员，任何国家都无权干涉他国内政或凌驾于其他国家之上。和平共处五项原则强调互相尊重主权和领土完整，这对于维护世界和平与稳定至关重要。

追求合作共赢。在全球化时代，各国利益相互交融，合作共赢是唯一正确的选择。和平共处五项原则强调平等互利，这对于推动构建更加公正合理的国际秩序具有重要意义。

倡导和平解决争端。战争和冲突只会带来灾难，对话和协商才是解决争端的根本途径。和平共处五项原则强调和平共处，这对于化解矛盾、维护世界和平具有重要意义。

应对全球性挑战。气候变化、恐怖主义、网络安全等全球性挑战需要各国携手合作共同应对。和平共处五项原则为各国合作应对全球性挑战提供了重要指导。

和平共处五项原则体现了求同存异、合作共赢的精神，为构建更加公正合理、和平繁荣的国际秩序提供了重要思想资源。

2. **为什么气候变化会成为热门话题？**

【参考作文】

### 气候变化问题背后的“更多问题”

2015年，全球平均气温比工业化前水平高出约1摄氏度，创下历史纪录。2017年，美国遭受了“哈维”“玛丽亚”等多场飓风的袭击，造成经济损失超过 1000 亿美元。2018 年，欧洲遭遇了严重的热浪天气，导致数千人死亡。2021 年，联合国发布报告称，如果不采取紧急行动，到 2030 年全球平均气温将上升 1.5 摄氏度，将带来更加严重的后果……

没错，一系列事实真真切切地摆在眼前。那么在这样的“实情”之下，国际社会在做什么呢？

美国在特朗普政府时期，退出了《巴黎协定》。欧盟多国推迟减排计划，在能源危机之下重新推动传统能源的供应。就连身处亚马逊雨林的巴西也对环保问题持怀疑态度，并多次削弱环保部门的权力。

前后似乎矛盾，难道人们不想拯救地球了吗？其实在早些年，气候变化成为热门话题无非就是以下几个原因。一，科学证据确凿。来自世界各地的科学家一致认为，地球气候正在发生前所未有的变化，主要原因是人类活动排放的温室气体。二，极端天气事件频发。近年来，全球各地频发洪水、干旱、热浪、野火等极端天气事件，造成了巨大的经济损失和人员伤亡，引起了人们的广泛关注。三，对人类生存产生实在威胁。气候变化带来的影响不仅仅是天气变化，还包括海平面上升、生物多样性减少、粮食安全威胁等，这些都对人类的生存和发展构成严重威胁。

但这两年的能源危机似乎暴露出了更多的政治问题，太多的国家、企业违背了此前的减排承诺，将自身利益排在首位。诚然，“活下去”是第一要义，但这真的就与环境保护相冲突吗？看看中国是怎么做的吧，广植防护林、发展电动车、设定减排目标、推广清洁能源……中国应对气候变化正走在正确的道路上。

可以预见的是，接下来的数年，气候变化依然会是国际热点话题，但它绝不会是单纯的气候问题，而是夹杂着能源问题、经济问题、政治问题，不断挑战着每个国家的发展潜力。

MTI

# 天津外国语大学
# 研究生入学考试


天津外国语大学 2023 年研究生入学考试试题……C2

天津外国语大学 2023 年研究生入学考试试题参考答案……C5

天津外国语大学 2022 年研究生入学考试试题……C11

天津外国语大学 2022 年研究生入学考试试题参考答案……C15

# 天津外国语大学 2023 年 研究生 入学考试试题

## 一、选择题（25×2=50 分）

1.“吾善养吾浩然之气”出自以下哪本著作？

A.《老子》　B.《孟子》　C.《墨子》　D.《庄子》

2. 古琴曲《广陵散》与以下哪位人物有关？

A. 李陵　B. 阮籍　C. 嵇康　D. 刘伶

3. 二十四节气之首是______，标志着万物复苏，进入春暖花开的季节。

A. 春分　B. 立春　C. 惊蛰　D. 雨水

4. 踏青是我国哪一个传统节日的习俗？

A. 端午节　B. 清明节　C. 中秋节　D. 元宵节

5. 我国的国花是什么？

A. 牡丹　B. 芍药　C. 荷花　D. 梅花

6. 中国作家协会现任主席是谁？

A. 郑建芳　B. 孙莹莹　C. 米丽宏　D. 铁凝

7. 以下哪种茶不属于红茶？

A. 日照红茶　B. 云南普洱　C. 祁红　D. 铁观音

8. 中国历史上的“三不朽”标准不包括以下哪一项？

A. 立言　B. 立德　C. 立功　D. 立身

9.“生如夏花之绚烂，死如秋叶之静美”出自泰戈尔的哪部作品？

A.《新月集》　B.《飞鸟集》

C.《园丁集》　D.《吉檀迦利》

10. 第二次世界大战中代号“霸王行动”的一场战役是______，它使第二次世界大战的战略态势发生了根本性的变化。

A. 波兰闪击战　B. 莫斯科保卫战

C. 诺曼底登陆　D. 偷袭珍珠港

11. 以下哪位作家不是初唐四杰？

A. 卢照邻　B. 杨炯　C. 王维　D. 王勃

12. 以下哪幅画作是凡·高的作品？

A.《戴珍珠耳环的少女》　B.《星月夜》

C.《蒙娜丽莎》　D.《最后的晚餐》

13. 以下哪部作品是列夫·托尔斯泰的作品？

A.《猎人笔记》　B.《卡拉马佐夫兄弟》

C.《罪与罚》　D.《战争与和平》

14.《兰亭集序》的作者是？

A. 王献之　B. 王羲之　C. 李陵　D. 柳公权

15. 陈白露是曹禺哪部作品里的人物？

A.《雷雨》　B.《日出》　C.《原野》　D.《北京人》

16. 甲骨文的发现者是______。

A. 王国维　B. 郭沫若　C. 王懿荣　D. 罗振玉

17. 以下哪一项属于苏州著名的剧类？

A. 沪剧　B. 黄梅戏　C. 越剧　D. 评弹

18. 德国哲学家尼采的代表作是什么？

A.《十日谈》　B.《查拉图斯特拉如是说》

C.《忏悔录》　D.《童年》

19. 楹联，又称"对联"，是我国传统文化瑰宝。楹联起源于______。

A. 桃符　B. 灯笼　C. 窗花　D. 年画

20. 中国古代神话中的四大神兽不包括以下哪个？

A. 白虎　B. 朱雀　C. 神龟　D. 青龙

21. 古代的"六艺"不包括以下哪项？

A. 数　B. 礼　C. 御　D. 琴

22. 世界名画《蒙娜丽莎》是哪座艺术殿堂收藏的珍品？

A. 卢浮宫　B. 凡尔赛宫

C. 白金汉宫　D. 克里姆林宫

23. "独在异乡为异客，每逢佳节倍思亲"一句中的"佳节"指的是我国哪个传统节日？

A. 端午节　B. 春节

C. 元宵节　D. 重阳节

24. 2019 年，中国良渚古城遗址被列入《世界遗产名录》。良渚古城遗址位于如今我国的哪个省？

A. 江苏省　B. 河南省

C. 浙江省　D. 云南省

25. 继文艺复兴后，欧洲兴起的另外一场伟大的反封建思想解放运动是？

A. 古典主义运动　B. 启蒙运动

C. 浪漫主义运动　D. 智者运动

## 二、应用文写作（2×20=40分）

1. 下面这则“批复”按照党政机关公文要求，存在5处错误或不规范的地方，请你分别指出并改正，如“……”应为“……”。

### ××省财政厅关于企业库存涤棉布调整价格差额大于国家流动资金部分能否增拨的请示

财政部工交司：

你部财企〔2001〕×号文《关于企业库存涤棉布调整价格差额的财务处理问题的意见》，我厅早已转发。收到××、××等十多个地（市）的抱怨，有些企业国家资金很少，库存涤棉布调整价格差额大于国家流动资金。关于超出国家流动资金的部分我们到底需要怎么处理，我们想增拨流动资金，请指示。

××省财政厅

××××年××月××日

2. 某电视台邀请某学校学生参与五四青年节电视节目的彩排，请你据此写一封邀请函。

## 三、现代汉语写作（60分）

长征精神。每一代人都有自己的长征路，尽管我们现在取得了很多成就，但仍要弘扬长征精神，奋勇前进，请以此为话题写一篇议论文，不少于800字。

# 天津外国语大学2023年研究生入学考试试题参考答案

## 一、选择题

1.【答案】B

【解析】“吾善养吾浩然之气”出自《孟子》，意思是“我善于培养我的浩然之气”，其中“浩然之气”指的是一个人由内而外散发出的气质，使一个人心胸坦荡、刚正不阿。《孟子》是儒家的经典著作之一，与《大学》《中庸》《论语》并称为“四书”。

2.【答案】C

【解析】《广陵散》是我国十大古琴曲之一，其词曲作者不详。嵇康是古代三国时期的思想家、音乐家、文学家，“竹林七贤”之一，因触怒司马昭被处死。行刑当日，嵇康在刑场抚曲《广陵散》，成了千古绝唱。

3.【答案】B

【解析】立春是中国传统二十四节气之一，一般在每年的2月3日到2月5日之间，标志着冬季结束，进入春季。立春时节天气已经明显转暖，气温开始上升，日照时间逐渐增加，大地开始苏醒，万物开始复苏生长。

4.【答案】B

【解析】踏青活动起源于农耕时期的迎春习俗，当春天来临，气候转暖，万物复苏，人们便会到户外进行赏花、采摘、游玩等活动。而清明节正处于春暖花开的好时节，人们也会趁外出扫墓的同时结伴领略郊外好风光，在赏春景的同时扫除心气郁结之事，因此踏青成了清明节的传统习俗。

5.【答案】A

【解析】牡丹是我国名花之一，被誉为“百花之王”，又被称为“富贵花”，象征着富贵、昌盛和美好的人生，也是喜庆、祈福的象征之一。牡丹被选为中国的国花，不仅是因为它雍容华贵的外观，也因为它寓意国家富强、繁荣昌盛和美好未来。

6.【答案】D

【解析】铁凝，1957年出生于北京，是我国著名作家，曾获鲁迅文学奖，现任我国作家协会主席，代表作有《玫瑰门》、《哦，香雪》和《大浴女》等。

7.【答案】D

【解析】铁观音是中国传统名茶之一，产于福建省安溪县。它是乌龙茶的一种，具有天然的兰花香气和爽口回甘的口感，因其茶叶色泽深沉、香气浓郁、滋味醇厚，具有很高的品质和价值而享誉全国，并被誉为“中国十大名茶”之一。

8.【答案】D

【解析】“三不朽”标准出自《左传》，包括立德、立功、立言。“立德”是指树立高尚的品德；“立功”是指建功立业，树立丰功伟业，救国家于危难之际；“立言”是指言语富含哲理，启发人们的思考。“三不朽”标准是古代士大夫阶级追求的崇高理想。

9.【答案】B

【解析】《飞鸟集》是印度著名诗人泰戈尔的诗集，创作于 1916 年。书中的诗歌简洁而深刻，以自由、开放、灵活的语言表达出诗人对生命、自由、希望等永恒主题的思考和回应。

10.【答案】C

【解析】诺曼底登陆是指 1944 年 6 月 6 日盟军在第二次世界大战期间进行的一次大规模海陆空综合突袭行动，代号“霸王行动”。盟军从英国海岸向法国诺曼底地区发起登陆，旨在打开第二战场的西部战线，向纳粹德国在欧洲的进攻发起全面反击。这次战役也被认为是二战欧洲战场上最艰苦、最重要的决定性战役之一，对反纳粹的胜利产生了至关重要的影响。

11.【答案】C

【解析】初唐四杰是指唐朝初期四位杰出的文学家，分别是王勃、杨炯、卢照邻和骆宾王。王维是盛唐时期著名的诗人、画家，是唐代文学史上的巨擘，其诗词画作等均享有盛名。苏轼赞他“味摩诘之诗，诗中有画；观摩诘之画，画中有诗”。

12.【答案】B

【解析】《星月夜》是荷兰后印象派画家凡·高于 1889 年创作的一幅油画作品，现展示在纽约市的现代艺术博物馆内。这幅画集中体现了凡·高的创作风格，规避了现实主义精准描绘的规范，以生命和精神的力量展现出自然界中的美妙和神秘。

13.【答案】D

【解析】列夫·托尔斯泰是俄国历史上最伟大的小说家和思想家之一，他的思想和作品涉及了文艺、哲学、社会学、政治学等领域，对人类文明和思想有着不可磨灭的贡献。代表作品包括《战争与和平》《安娜·卡列尼娜》《复活》等。

14.【答案】B

【解析】王羲之的《兰亭集序》是中国古代书法艺术中的经典之作。全文主要记述了王羲之和文人雅士在兰亭聚会的场景和感受，其中通过对兰亭景色的描绘和对自然物象的抒发，表达了其对人生的思考和感悟。

15.【答案】B

【解析】陈白露是曹禺的话剧作品《日出》中的人物。《日出》描写了交际花陈白露在金钱的诱惑下过着堕落且无望的日子，但心中却向往自由。内心善良的一面促使她拯救孤女“小东西”，却未能成功。在经历了不断的被剥削和绝望之后，陈白露选择了自杀，带着向美向善的灵魂奔向了日出的光明。

16.【答案】C

【解析】甲骨文是中国古代商代和西周时期使用的一种文字，主要刻写在龟甲和兽骨上，往往用于卜辞和祭祀。1899 年清朝官员王懿荣通过研究确定了甲骨文的存在，被尊为“甲骨文之父”。

17.【答案】D

【解析】苏州评弹，是江苏苏州地区的一种地方戏曲剧种。评弹的唱腔艳丽优美、音乐节奏简练流畅，善于用独具特色的唱腔、笛韵和琵琶的演奏技巧等手法，表现情节的起伏以及角色的性格、情感等，给人以视听美的享受。

18.【答案】B

【解析】尼采是 19 世纪德国哲学家、文学家和诗人，是西方哲学史上最具影响力的思想家之一，他的哲学思想贯穿着强烈的反叛精神，主张人类要超越传统的价值观念和道德限制，追求真正的快乐和生命的美好。代表作有《苏格拉底和悲剧》《查拉图斯特拉如是说》《权力意志》等。

19.【答案】A

【解析】桃符是一种民俗文化。桃符上常刻有吉祥的符号、图案或纹饰，挂在门上或窗户上，以辟邪化煞、增强住宅的吉祥气场。后逐渐演化为用春联代替桃符辞旧迎新，王安石的诗中“千门万户曈曈日，总把新桃换旧符”反映的就是这一民俗情况。

20.【答案】C

【解析】四大神兽，又称“四象”，指的是青龙、白虎、朱雀、玄武。古人将五行和方位融于四象之中，代表东西南北四个方位，并以不同颜色加以区分。

21.【答案】D

【解析】古代六艺包括“礼、乐、射、御、书、数”，既重视培养人的品行，又兼顾培养人的音乐情操和体育技能，对后世的教育制度产生了重要影响。“琴、棋、书、画”属于四大雅事。

22.【答案】A

【解析】《蒙娜丽莎》是世界著名的画作之一，由意大利文艺复兴时期的艺术家达·芬奇创作于 16 世纪，现收藏于法国卢浮宫。蒙娜丽莎的艺术价值在于它在绘画技巧和肖像画表现方面的创新和突破。达·芬奇运用了景深透视学和色彩表现等技法，使画面产生了柔和、丰富的层次和光影变化，表现了画中女性的神秘和内在丰富的情感。

23.【答案】D

【解析】“独在异乡为异客，每逢佳节倍思亲”出自王维的《九月九日忆山东兄弟》，表达了作者在重阳节的思乡之情。因此“每逢佳节倍思亲”中的佳节指的是重阳节。

24.【答案】C

【解析】良渚古城遗址是新石器时代良渚文化的代表，良渚古城遗址是良渚文化的重要遗址，位于浙江省杭州市余杭区。良渚古城遗址的发掘对于中国古代文明研究有着重要的意义，它的发现和研究为确认中华文明的源头和揭示中国古代文明的起源与演变过程提供了具有重要价值的历史证据。

25.【答案】B

【解析】启蒙运动是17—18世纪欧洲文化的一次反封建思想解放运动，以强调理性、推崇普遍价值和自由平等理念为主要特征。它是一场跨越文学、哲学、科学、政治等多个领域的思想运动，主张对传统和权威的否定，提倡以理性和科学为基础的全新世界观，旨在推动社会进步和解放个人思想。

## 二、应用文写作

1. 此批复的错误之处有：

（1）标题表述不当。请示的标题格式不能出现“能否”“是否”等不确定字样，应改为“××省财政厅关于增拨企业库存涤棉布调整价格差额大于国家流动资金部分的请示”。

（2）批复用词不当，应将“我厅早已转发”改为“我厅业已转发”。

（3）请示需要注意语气措辞，要适合语境，应将“收到××、××等十多个地（市）的抱怨”，改为“据××、××等十多个地（市）反映”。

（4）请示属于上行文，通过向上级机关请示从而使问题得到有效解决，因此不宜出现主观性的人称和表述，同时应该给出明确的方案以求批准。建议将“关于超出国家流动资金的部分我们到底需要怎么处理，我们想增拨流动资金，请指示”改成“对于超出国家流动资金的部分，我厅申请增拨。妥否，请批复”。

（5）缺少公章，应于右下方发函机关和成文日期上加盖公章。

【参考作文】

### ××省财政厅关于增拨企业库存涤棉布调整价格差额大于国家流动资金部分的请示

财政部工交司：

你部财企〔2001〕×号文《关于企业库存涤棉布调整价格差额的财务处理问题的意见》，我厅业已转发。据××、××等十多个地（市）反映，有些企业国家资金很少，库存涤棉布调整价格差额大于国家流动资金。对于超出国家流动资金的部分，我厅申请增拨。妥否，请批复。

××省财政厅（公章）

××××年××月××日

2.【题目解析】

邀请函分为标题、称谓、正文和落款四部分。结合题目要求，本文写作思路如下：

标题：邀请函的标题可以直接写“邀请函”，也可以在文种前添加邀请事由，如“关于五四青年节电视节目彩排的邀请函”

称谓：顶格写清楚受邀的单位或个人姓名

正文：邀请函的正文部分需要写明活动的时间、地点、内容、原因等信息。结合题干，本文是关于“五四青年节电视节目的彩排”，因此可以结合五四青年节这一背景展开。

结尾：邀请函的结尾表达对受邀请人的感谢和期望，并欢迎受邀请人前来参加。同时，表达自己的大力支持和合作意愿。

【参考作文】

### 邀请函

尊敬的 ××× 学校领导：

您好！五四青年节是我国青年人的重要节日，为了庆祝这个节日，我们电视台计划制作一档展现青春活力的节目，并邀请贵校的学生参加我们的彩排活动。我们相信贵校的学生是一支充满活力和创造力的队伍，他们是这个节目的最佳选择。我们希望能够与贵校携手合作，共同打造一档精彩的节目。现将有关信息通知如下：

一、彩排内容

节目排练、创意交流、节目拍摄、节目现场体验等

二、彩排时间

4 月 30 日下午 2 点至 6 点

三、彩排地点

××× 电视台演播厅

四、注意事项

1. 活动期间请保证手机通畅，以便我们与您进行沟通。
2. 现场请遵守规定，勿随意乱动器材，若损坏设备应负责赔偿。
3. 请提前告知贵校学生参加人数，以便我们做好准备工作。

我们期待着您的积极回应和参与，让我们共同为五四青年节电视节目的成功努力！

××× 电视台

××× 年 ×× 月 ×× 日

## 三、现代汉语写作

【题干解析】

长征精神是指中国红军在长征途中经历艰难困苦时表现出的顽强拼搏的精神品质。在长达两年的严酷征程中，红军遭受了许多困难和挑战，但他们仍然不屈不挠、坚韧顽强地前行，坚守共产党的信仰，继续为实现革命目标奋斗，这种坚定的意志力和不屈不挠的精神状态就是长征精神。长征精神代表了中国人民在长期革命斗争中积累的宝贵精神财富，也是中国共产党的优良传统和革命精神的象征。

本篇行文可以将当今人们所面临的时代困境作比，说明新一代的年轻人在面对困难时如何发挥长征精神，在不屈不挠的精神信仰之下完成时代的使命和任务，说明长征精神对

于实现个人理想和社会价值有怎样的作用。

【参考作文】

## 伟大长征路，再启新征程

八十多年前，一支伟大的队伍踏过茫茫草地，翻越崇山峻岭，带着心中的理想和信念跋涉两万五千里，完成了人类历史上伟大的长征。在面临敌我力量悬殊、自然环境恶劣的情况下，红军充分体现了艰苦奋斗、不畏艰难的精神，在中华民族历史上书写了可歌可泣的华章。“春风浩荡满目新，征衣未解再跨鞍。”站在新时代的浪口前，我辈应该秉持长征精神，跨越新征途。

坚定的理想信念是长征精神的核心。曾几何时，我国的航天技术被封锁限制，钱学森先生为了发展我国的航天事业，不为国外的高薪职业所诱惑，不为艰难险阻所屈服，一心回到祖国投身于航天事业的发展。坚定的理想、报国的决心支撑他熬过一段艰难的峥嵘岁月，最终回到祖国，为我国航天事业的发展奠定了根基。十年磨一剑，从“神五”飞天到“嫦娥探月”，我国在航天领域一步一步昂首迈进，在新时代的征程上创造了举世瞩目的伟大成就。“凭栏一片风云起，莫做神州袖手人。”只有当个人将国家的利益置于优先时，才能坚定理想、不忘初心，将长征精神践行到底。

艰苦奋斗是长征精神的灵魂。没有艰苦奋斗的精神，红军便难以跨越茫茫戈壁草原，也翻不过巍巍雪山。但正是将艰苦奋斗注入灵魂，红军战士们才凭借这股力量成功会师。艰苦奋斗是中华民族生生不息的力量源泉。中国女足教练水庆霞在中国女足东京奥运会失利的情况下，带领女足姑娘们重振旗鼓，在一次次的艰苦训练中突破自身，于低谷处再度崛起。终于时隔16年后再度捧起亚洲杯，这支属于中国的“铿锵玫瑰”刻上了永不言弃、艰苦奋斗的烙印。主教练水庆霞说道：“球可以输，但人不能输。”长征精神的灵魂已经融入了每一个国人的内心，于无声处散发它的精神能量。

一代人有一代人的长征，现在的我们虽然不会回到那个时代，但长征精神依然是时代背景下传承和创新的来源。践行长征精神，需要走好脚下的每一步，“不积跬步无以至千里”。每个青年都在长征路上，传承长征精神，跨越历史新征程。

# 天津外国语大学 2022 年 研究生 入学考试试题

## 一、选择题（每小题 2 分）

1. “人有悲欢离合，月有阴晴圆缺，此事古难全。但愿人长久，千里共婵娟。”作者是______。
   A. 苏轼　　B. 李清照　　C. 晏殊　　D. 李煜
2. “桃之夭夭，灼灼其华”是用______描述女子出嫁。
   A. 樱花　　B. 桃花　　C. 牡丹　　D. 芍药
3. “二十四桥仍在，波心荡，冷月无声。”二十四桥是______的景点。
   A. 杭州　　B. 扬州　　C. 西安　　D. 苏州
4. “朽木不雕”出自______。
   A.《易经》　　B.《大学》
   C.《左传》　　D.《论语》
5. 对平安时代日本文学影响最大的是______。
   A.《王右丞集》　　B.《白氏长庆集》
   C.《李太白集》　　D.《杜工部集》
6. 陕西作家______的代表作是商州系列小说。
   A. 路遥　　B. 张承志
   C. 莫言　　D. 贾平凹
7. 阎立本的______是中国十大传世名画之一，描绘的是松赞干布派使者到长安朝见唐太宗，请求唐朝与松赞干布联姻的故事。
   A.《富春山居图》　　B.《千里江山图》
   C.《步辇图》　　D.《女史箴图》
8. 中国爱情传奇中，主人公双双化蝶翩翩起舞的是______。
   A.《梁山伯与祝英台》　　B.《孟姜女》
   C.《白蛇传》　　D.《牛郎织女》
9. ______凭借《老人与海》获得了诺贝尔文学奖。
   A. 查尔斯·狄更斯　　B. 威廉·福克纳

C. 马克 · 吐温　　D. 海明威

10. 马尔克斯的拉丁美洲魔幻现实主义的代表作是______。

A.《魔鬼》　　B.《霍乱时期的爱情》

C.《苦妓回忆录》　　D.《百年孤独》

11. 从上古时期秋夕祭月演变而来的传统节日是______。

A. 中秋节　　B. 花朝节

C. 端午节　　D. 元宵节

12. 将中国讽刺小说提升到与世界讽刺名著并列而无愧的地位的是______。

A.《孽海花》　　B.《儒林外史》

C.《官场现形记》　　D.《聊斋志异》

13. 为爱死、为情复生的杜丽娘出自______。

A.《牡丹亭》　　B.《西厢记》

C.《紫钗记》　　D.《南柯记》

14. 海上丝绸之路的起点是______。

A. 惠州　　B. 汕头

C. 泉州　　D. 温州

15. 以石材为主要材料、以刻刀为工具、以汉字为表象的非物质文化遗产是______。

A. 中国雕刻　　B. 中国篆刻

C. 中国石刻　　D. 中国石窟

16.《再别康桥》的作者是______。

A. 穆旦　　B. 戴望舒

C. 徐志摩　　D. 林徽因

17. “万里悲秋常作客”的下一句是______。

A. 愁恨年年长相似　　B. 兴来今日尽君欢

C. 渐老多忧百事忙　　D. 百年多病独登台

18. “封狼居胥”赞美了______击退匈奴的故事。

A. 霍去病　　B. 李广　　C. 卫青　　D. 班超

19. 天下第一行书《兰亭集序》的作者是______。

A. 王献之　　B. 王羲之　　C. 柳公权　　D. 董其昌

20. 农历每月初一又被称为______。

A. 朔日　　B. 望日　　C. 晦日　　D. 既望

21. 从______开始，北半球昼短夜长，气温开始降低。

A. 秋分　　B. 春分　　C. 清明　　D. 立秋

22. 两汉时期盛行的诗歌是______。

A. 辞赋　　B. 诗经　　C. 楚辞　　D. 乐府诗

23. “不别亲疏，不殊贵贱，一断于法”出自诸子百家中的______。

A. 法家　　B. 墨家　　C. 儒家　　D. 道家

24. 四大发明是中国古代创新的智慧成果和科学技术，其中促进了世界学术传播发展的是______。
A. 造纸术 B. 印刷术 C. 火药 D. 指南针

25. 东汉著名医学家张仲景的医学著作是______。
A.《伤寒杂病论》 B.《青囊书》
C.《本草纲目》 D.《千金要方》

## 二、应用文（每小题 20 分）

1. 国务院批复改错。

### 关于同意设立大熊猫国家公园的批复

国函（2021）102 号

四川省、陕西省、甘肃省人民政府，自然资源部、国家林业和草原局（国家公园管理局）：
自然资源部关于设立大熊猫国家公园的通知收悉。现批复如下：

一、同意设立大熊猫国家公园。大熊猫国家公园设立后，相同区域不再保留其他自然保护地，相关未划入国家公园区域的管控要求通过自然保护地整合优化工作予以明确。原则同意《大熊猫国家公园设立方案》，请认真组织实施。

二、大熊猫国家公园建设要以习近平新时代中国特色社会主义思想为指导，全面贯彻党的十九大和十九届二中、三中、四中，五中全会精神，深入贯彻习近平生态文明思想，认真落实党中央、国务院决策部署，牢固树立绿水青山就是金山银山理念，坚持山水林田湖草沙系统整理，坚持生态保护第一、国家代表性、全民公益性的国家公园理念，加强自然生态系统原真性、完整性保护，正确处理生态保护与居民生产生活的关系，维持人与自然和谐共生并永续发展，强化监督管理，完善政策支撑，为构建中国特色的以国家公园为主体的自然保护地体系、推进美丽中国建设作出贡献。

三、四川省、陕西省人民政府要加强组织领导，密切协作配合，落实工作责任，全面加强大熊猫野生种群及其栖息地的保护恢复，积极稳妥有序推进国家公园建设。抓紧组织编制大熊猫国家公园总体规划，按程序印发实施。

（四）、各有关部门要按照职能分工，加大对大熊猫国家公园的支持力度，在有关规划编制、政策制定、资金投入、项目安排等方面给予指教和倾斜。自然资源部、国家林业和草原局（国家公园管理局）要加强督促指教，健全工作协调机制，积极帮助解决国家公园建设中的困难，重大情况和重要问题及时向国务院报告。

国务院
2021 年 9 月 30 日

2. 会议通知写作。

本市要召开一个外出务工返乡创业人员工作座谈会，交流工作经验，助力全市脱贫攻坚工作，请你以市政府办的名义拟定一个会议通知。

## 三、大作文（60分）

“世界是丰富多彩的，多样性是人类文明的魅力所在，更是世界发展的活力和动力之源。”中国恢复联合国合法席位已经50周年，习近平在中国恢复联合国合法席位50周年纪念会议上深刻阐述**全人类共同价值**的要义。

要求：1. 根据上面这段话，自拟题目，写一篇不少于800字的议论文；

2. 观点明确，结构完整，语言流畅，书写规范。

# 天津外国语大学 2022 年 研究生入学考试试题 参考答案

## 一、选择题

1.【答案】A

【解析】这两句词出自苏轼的《水调歌头》，是苏轼在中秋团圆佳节为怀念弟弟苏辙所作，苏轼的代表作之一。这两句词是千古名句，表达了对远方亲人和朋友的思念与祝愿。

2.【答案】B

【解析】“桃之夭夭，灼灼其华”，出自《诗经·周南·桃夭》，用春天盛开的粉嫩鲜艳的桃花比喻新娘的脸庞，新娘与桃花相互映衬，美丽动人。

3.【答案】B

【解析】二十四桥，又称廿四桥，位于江苏省扬州市瘦西湖，现为重建景点，桥长 24 米，宽 2.4 米，有栏柱 24 根、台阶 24 级。古代诗人词人多次将二十四桥写入诗词中，造就了二十四桥的美丽传说。

4.【答案】D

【解析】“朽木不可雕也，粪土之墙不可圬也”，出自《论语·公冶长》，是孔子对弟子宰予的评价，表示一个人不受教育、不堪造就，已经糟糕到无可救药的地步。

5.【答案】B

【解析】白居易的作品约在公元 838 年传入日本，唐朝商人和遣唐使带回的《元白诗笔》《白氏文集》《白氏长庆集》等深受当时日本文人喜爱，谈及汉诗必称《白氏长庆集》。

6.【答案】D

【解析】贾平凹创作了以故乡商州为背景的商州系列，包括散文《商州初录》《商州又录》《商州再录》、长篇小说《商州》、中篇小说《商州世事》等，既描述了商州的自然风光，又描绘了商州的风土人情。

7.【答案】C

【解析】《步辇图》是唐代画家阎立本的作品，描绘了唐朝初年吐蕃王松赞干布派遣使臣禄东赞前往长安向唐太宗李世民提出和亲的故事，最终李世民将文成公主许配给松赞干布，文成公主带去了大量中原地区的文化典籍和工匠，促进了吐蕃的发展。

8.【答案】A

【解析】《梁山伯与祝英台》是中国古代民间四大爱情传奇之一，梁山伯与祝英台相爱，但祝英台被父亲许配给马文才，梁山伯病故后，祝英台至坟前祭奠，惊雷响起后坟墓裂开，祝英台入坟，二人化作蝴蝶双双起舞。

9.【答案】D

【解析】《老人与海》是美国作家海明威在 1951 年写的中篇小说，讲述了老年渔夫在海上与一条巨大的马林鱼搏斗的故事，塑造了一个经典的“硬汉”渔夫的形象，海明威于 1954 年获得诺贝尔文学奖。

10.【答案】D

【解析】《百年孤独》是哥伦比亚作家马尔克斯的长篇小说，拉丁美洲魔幻现实主义的代表作，描写了布恩迪亚家族七代人的传奇故事，是拉美历史文化的浓缩。

11.【答案】A

【解析】俗语有云，“春祭日，秋祭月”。中国自远古时代就有“秋夕祭月”的习俗，最初是在秋分时节祭月，后来为了确保祭月时有月亮，祭月逐渐改至中秋，演化成中秋节。

12.【答案】B

【解析】《儒林外史》是清代吴敬梓所著的长篇小说，代表中国古典讽刺小说的高峰，开创了以小说直接评价现实生活的范例，之后又出现了《孽海花》《官场现形记》等批判封建社会的谴责小说。

13.【答案】A

【解析】《牡丹亭》是明代剧作家汤显祖的代表作，描写了杜丽娘在梦中与柳梦梅相爱，伤情而死，魂魄与柳梦梅相爱，最终起死回生的故事，是中国四大古典戏剧之一。

14.【答案】C

【解析】海上丝绸之路是陆上丝绸之路的延伸，是一条海上贸易线路，形成于秦汉时期，唐、宋、元、明时期非常繁荣，起点位于福建省泉州市，从南海到阿拉伯海，最远可到非洲东海岸。

15.【答案】B

【解析】中国篆刻艺术是从印章艺术发展而来、将书法和篆刻结合的艺术，至今已有三千多年的历史，已被列入中国非物质文化遗产。

16.【答案】C

【解析】《再别康桥》是现代诗人徐志摩的代表作，抒发了作者离别康桥时的留恋之情、惜别之情和感伤之情。

17.【答案】D

【解析】“万里悲秋常作客，百年多病独登台。”出自杜甫《登高》，被誉为“古今七律之冠”，该句描写杜甫的身世遭遇，表达了作者常年漂泊、老病孤愁的悲哀之情。

18.【答案】A

【解析】封狼居胥是成语，出自《史记》，原指汉代将军霍去病打败匈奴后登上狼居胥山（匈奴人心中的圣山）筑坛祭天以告成功，是武将最高荣誉，后比喻建立显赫功勋。

19.【答案】B

【解析】《兰亭集序》又名《兰亭宴集序》、《临河序》、《禊序》和《禊帖》，是东晋“书圣”王羲之所写的一篇序文，记叙兰亭周围山水之美和游玩愉悦之情，抒发了作者盛事不常的感叹，被称为“天下第一行书”。

20.【答案】A

【解析】朔日，指农历每月初一。农历初一时，地面看不到月面的明亮部分，此时月相为“朔”。朔也表示起初、初始的意思。

21.【答案】A

【解析】秋分时，太阳直射地球赤道，全球昼夜等长。之后，太阳直射位置向南移动，北半球开始昼短夜长，昼夜温差逐渐增大，气温开始降低，南半球相反，开始昼长夜短。

22.【答案】D

【解析】汉代诗歌建立在《诗经》《楚辞》和秦汉民歌的基础之上，源于民间，汉武帝设立乐府，收集、改编、创作音乐，乐府诗在当时成为主要的诗歌形式，其形式从四言诗转向杂言诗和五言诗。

23.【答案】A

【解析】“不别亲疏，不殊贵贱，一断于法”出自《史记·太史公自序》，是法家的主张，不区分亲疏远近和贵贱尊卑，一律按照法令裁决，法家认为法律是治理国家的基本手段。

24.【答案】B

【解析】四大发明对全世界有重要影响，造纸术提供了廉价易得的书写材料，掀起了文字载体的革命；印刷术加快了文化传播，改变了欧洲只有上等人才能够读书的状况；火药使欧洲资产阶级更容易摧毁封建堡垒，加速历史进程；指南针为欧洲航海家环球旅行和发现美洲新大陆提供了便利。

25.【答案】A

【解析】“医圣”张仲景写出了《伤寒杂病论》，确立了中医临床医学的“辨证论治”原则，记载了大量有效方剂，是中国第一部从理论到实践的医学专著，是医学史上影响最大的古典医著之一。

## 二、应用文

1. 国务院批复改错。

批复是上级机关答复下级机关请示的公文。本文的错误如下：

（1）党政机关公文中，发文字号的年份需要用六角括号，不用圆括号。

（2）“自然资源部……现批复如下”这一句已经属于正文，应缩进两个字符。

（3）通知是用来发布法规、规章，转发、要求下级机关办理某项事物的公文。请示是向上级请求指示和批准的公文。将“通知”改为“请示”。

（4）并列词语之间的停顿应当用顿号，不用逗号。

（5）“整理”是使事物整齐有条理，“治理”是管理、统治、整修，词义不同。

（6）公文提到的有关单位不得遗漏，第三条缺少“甘肃省”。

（7）分号表示并列分句之间的停顿，句号表示较为完整、不宜分割的句子停顿。“抓紧组织……”与前文是并列关系，需要用分号。

（8）公文中的序号结构应保持一致，第一层是汉字数字加顿号。

（9）“指教”是请他人提出批评意见的意思，“指导”是上级对下级的指示和教导。将“指教”改为“指导”。

（10）公文的发文机关署名和成文日期应位于正文下空一行靠右的位置。

2. 会议通知写作。

【题目解析】

会议通知是公文中较为常见的一种。会议通知的格式需要注意标题、会议名称、参会人员、会议主题、会议时间、会议地点、会议要求、发文机关署名和成文日期等。为了方便参会人询问，还需要附上联系方式。

【参考作文】

## 市人民政府关于召开外出务工返乡创业人员工作座谈会的通知

各县（市、区）扶贫办、人社局、驻村扶贫工作队：

为进一步加强全市脱贫攻坚工作，提高外出务工返乡创业人员的创业能力和发展水平，交流外出务工返乡人员工作和创业经验，市政府决定召开外出务工返乡人员工作座谈会。现将有关事项通知如下：

一、会议时间及地点

2022 年 3 月 3 日（星期四）上午 9:00，在市人民政府一楼礼堂召开，会期半天。

二、参会人员

（一）各县（市、区）扶贫办、人社局、驻村扶贫工作队等相关单位责任人；

（二）外出务工返乡创业人员代表及其所在村委会代表；

（三）市委组织部、市扶贫办、市人社局等部门相关负责人。

三、会议要求

（一）请各参会单位于 2022 年 3 月 2 日 12:00 前将参会人员名单报市人民政府办公厅综合处。全体参会人着正装出席会议，参会人员因故不能到会的应提前书面向会议主持人请假，经批准后，及时按规定格式将请假说明报市人民政府办公厅综合处。

（二）参会单位应当积极筹备相关报告材料，充分准备参会人员交流的资料和实际案例等。

（三）参会人员应全程参加会议，提前做好准备，积极分享实践经验，扩大交流互通。

（四）会议期间，各县（市、区）扶贫办、人社局等相关单位应当集中交流和整理网罗各自所属地区外出务工返乡创业人员情况，制定相关扶贫措施和政策。

联系电话：×××–××××××××

传真：×××–××××××××

市人民政府办公厅

2022 年 3 月 1 日

## 三、大作文

【题目解析】

习近平主席的这句话强调人类文明的多样性，强调全人类的共同价值。为什么要说这句话，究其原因就是当前的世界面临着文化垄断和霸权主义的危险。西方国家一方面将其自身的政治、经济、文化模式强行输送给全世界，另一方面打压原本百花齐放的不同文化和文明。真正有助于不同文化和文明发展的方法是让不同文明保持自身特点，追求共同价值，在人类共同需求和共同价值上寻求“最大公约数”。

【参考作文】

### 尊重文化多样，共行世界大道

纵览历史长河，中华文明上下五千年，屡经磨难，幸而绵延不绝，发展至今，兼收并蓄，海纳百川，重新在 21 世纪傲立于世界文化之林。而随着科技的不平等发展和世界各国交流的加速，世界文化之林遭到了来自发达国家或主动或被动的文化霸凌。

世界上每个文化都有自己独特的价值和贡献，世界文化的多样性正是构成丰富人类文明的重要元素。每个文化都应该被平等对待，都有权展现自己的精彩与魅力。无论是东方的哲学思想、西方的科学理论，还是其他地区的艺术表达和社会制度，都应该得到平等的尊重和理解。将其他文化视为低人一等、盗用其他文化的艺术或传统、嘲笑其他文化的符号和风俗、将其他文化简化为刻板印象的做法，都是不平等对待其他文化的文化霸凌现象，会削弱整个世界文化的多样性。

文化和文明的多样性是推动世界发展的重要动力。不同的文化和文明之间的交流与融合促进了人类智慧的相互启发与创新。正如欧洲启蒙运动受到中国传统文化影响，中国近现代也受到欧美科学技术和思想观念影响一样，文化之间的交流能够提供先进的技术和新颖的角度，促进社会进步。每种文化都承载着独特的知识、价值观和智慧，这些宝贵的资源为全球发展提供了源源不断的活力。通过尊重和保护文化多样性，我们可以更好地利用各种文化的优点和特长，推动科技、经济、艺术和社会的进步，为人类的共同繁荣贡献力量。

中国是一个拥有悠久文化传统的国家，在五千年的历史中总结出了中华文明的智慧，提出了不同于西方国家“零和博弈”的解决方案。中国提出的“一带一路”倡议旨在推动全球经济合作与互联互通，促进不同文化和民族之间的交流与合作。中国还提出构建人类命运共同体的理念，强调各国应当相互尊重、平等合作，共同应对全球性挑战。

全人类共同价值是构建人类命运共同体的内核，是推动文明交流与共存的基础，体现了人类共同的利益和目标。通过倡导这些共同价值和共同利益，我们可以促进不同文化和文明之间的对话与理解，减少文化冲突与误解。寻找不同文化的“最大公约数”对世界的贡献必然大于强迫不同文化削足适履的做法。

“万物并育而不相害，道并行而不相悖。”坚持和平道路，尊重文化差别，努力构建人类命运共同体，才能建立各美其美、美美与共的世界文明。

MTI

# 南开大学
# 研究生入学考试


南开大学 2023 年研究生入学考试试题 …… D2

南开大学 2023 年研究生入学考试试题参考答案 …… D4

南开大学 2022 年研究生入学考试试题 …… D9

南开大学 2022 年研究生入学考试试题参考答案 …… D11

# 南开大学 2023 年 研究生 入学考试试题

## 一、名词解释（每小题 2 分）

1. 商鞅变法
2.《西厢记》
3.《大唐西域记》
4.《左传》
5. 卢沟桥事变
6. 贞观之治
7. 班昭
8. 信陵君
9. 张伯苓
10. 重庆大足石刻
11. 歌德
12. 伏尔泰
13. 女娲
14. 李商隐
15. 蔡元培
16. 夜郎自大
17.《山海经》
18.《十日谈》
19.《玉台新咏》
20.《源氏物语》
21. 玛雅文明
22.《清明上河图》
23. 格萨尔王
24.《古诗十九首》
25. 闻一多

## 二、应用文写作（40 分）

天津市将开展国际旅游美食展览会，号召外语专业学生积极参与志愿者活动，请写一份倡议书，不少于 450 字。

## 三、现代汉语写作（60 分）

根据以下材料，写一篇议论文，题目自拟，不少于 800 字：

知止而后有定，定而后能静，静而后能安，安而后能虑，虑而后能得。

# 南开大学 2023 年 研究生入学考试试题 参考答案

## 一、名词解释

1. **商鞅变法：** 商鞅变法是战国时期秦国重要的政治改革。商鞅是秦国的一位名臣，他主持了一系列的变革，包括废井田、开阡陌、实行县制等。这些变革大大加强了秦国的中央集权和军事实力，为秦国统一六国和建立大一统的秦朝奠定了基础。

2. **《西厢记》:**《西厢记》的作者是元代诗人王实甫，主题是爱情与人性，以书生张生和崔相国之女莺莺的爱情故事为主线，强调了婚姻自由和伦理道德观念，同时反映了元代社会民众对封建礼教和封建婚姻观念的不满，具有深刻的社会现实意义。

3. **《大唐西域记》:**《大唐西域记》是一部中国古代的地理和历史文献，作者是唐朝高僧玄奘。该书记载了丝绸之路途经的许多国家和沿途的地理情况，也介绍了当时佛教社会的风貌和文化活动，成为研究唐代文化和佛教传播的重要史料。

4. **《左传》:**《左传》原名《左氏春秋》，相传为春秋时期左丘明所著，是先秦儒家重要经典著作之一，也是中国古代第一部编年体史书。与《公羊传》《穀梁传》合称“春秋三传”。

5. **卢沟桥事变：** 卢沟桥事变是指 1937 年 7 月 7 日，日本关东军在北京卢沟桥附近故意挑衅中国驻军。该事件是日本帝国主义发动全面侵华战争的开端，也是中华民族全面抗战的起点。

6. **贞观之治：** 贞观之治是指唐太宗李世民在位期间出现的政治清明、文化繁荣、经济向上的局面，李世民在此期间实行依法治国、贤能掌握政权、文治主导社会、科举选拔人才等一系列重要政策。贞观年间社会经济繁荣发展，国家政治稳定，对外邦交广泛，成为中国历史上的一个重要时期。

7. **班昭：** 班昭是东汉时期著名女性学者。她有文学才华，精通书法、绘画、音乐，曾参与兄班固著作《汉书》的编撰工作。她也是中国古代文学史上第一位传世的女性文学家，曾创作汉赋和乐府诗等多种文体作品。

8. **信陵君：** 信陵君原名魏无忌，战国时期魏国人，是战国四公子之一，因为人宽厚且礼贤下士，招揽门客多达三千余人。在秦兵围赵一战中，为了解赵国之围窃取兵符，从此声名大噪。后来在魏国担任上将军一职，率领五国军队成功击退秦军。

9. **张伯苓：** 张伯苓是我国著名的教育家，与严范孙一同创立了南开大学，并担任南开大学校长，被誉为“中国现代教育的一位创造者”。张伯苓除了注重教育之外还重视学生的体育锻炼，他所带领的中北足球队成为第一支战胜洋人的球队。

10. **重庆大足石刻：** 大足石刻位于重庆市大足区，是中国石刻艺术的杰出代表之一。大足石刻是中国唐代岩石艺术的典型代表，以巧妙的构思和恢宏的气势见长，尤以密集、精致、栩栩如生的千手观音造像、大佛龛和楼阁殿堂而著名。

11. **歌德：** 歌德是德国著名作家、科学家、哲学家和政治家，被誉为德国文学史上最杰出的代表之一。他的作品涉及小说、剧本、散文、诗歌等多个领域，在欧洲文化史上具有重要的地位和影响力。其中代表作为《浮士德》《少年维特之烦恼》等。

12. **伏尔泰：** 伏尔泰是 18 世纪法国最杰出的思想家、哲学家、文学家和启蒙运动的重要人物之一。伏尔泰不仅在文学、哲学和政治思想方面有重要贡献，还参与了对政治、经济和社会制度的改革。他的代表作品包括《哲学通信》《路易十四时代》《老实人》等。他强调个人自由和人权，反对宗教专制，提倡理性和科学。

13. **女娲：** 女娲是中国古代神话传说中的上古神明之一，也是中华文化的重要人物之一，她是创世神和生育神，传说她用五彩石修补天地、创造人类，用黄土塑造人类形象，并赋予了人类生命和智慧。

14. **李商隐：** 李商隐，字义山，唐朝著名诗人。他通才多艺，在诗、词、赋、散文等方面均有杰出成就。他的诗歌作品反映了唐代后期士人的感物追求和人性深刻领悟。其代表作有《锦瑟》《夜雨寄北》《无题》等。

15. **蔡元培：** 蔡元培是我国近代著名的教育家、政治家、社会活动家，是中国近现代教育事业的奠基人之一、中国民主革命和文化发展的杰出代表之一。蔡元培曾担任过北京大学校长、中华民国首任教育总长，曾在中国政治、教育、文化等领域产生了重大影响。

16. **夜郎自大：**“夜郎自大”是一个成语。“夜郎”原本是古代以南越地区夜郎国为代表的南方少数民族的通称，而“夜郎自大”可以用来形容一个人或团体自命不凡、狂妄自大、自以为是的状态，带有贬义。

17. **《山海经》：**《山海经》是中国古代一部描述地理、地质、动植物和神话传说的文化典籍，成书时间约在战国至汉朝时期。该书包括《山经》和《海经》两部分，形象地描述了古代中国的物质文化、精神文化和民族历史。

18. **《十日谈》：**《十日谈》是意大利文学家薄伽丘所著的短篇小说集。该小说集创作于 14 世纪，共有 100 个故事，讲述了 7 位男女为躲避瘟疫而逃离城市，到郊外的别墅中相聚十日，每日各讲故事一篇，以消磨时光。

19. **《玉台新咏》：**《玉台新咏》是一部汉代至梁代的诗歌总集，由南朝徐陵收录编纂而成，是除《诗经》和《楚辞》之外较早的诗歌总集，对后世研究隋唐时期的宫体诗起到了重要作用，其著名的诗歌代表作有《孔雀东南飞》、《陌上桑》及《白头吟》等。

20. **《源氏物语》：**《源氏物语》是日本平安时代女文学家紫式部所著的一部长篇小说。这部小说以平安时代的宫廷生活为背景，通过对主角源氏及其家族、朋友、爱人等人物的生活情感、恋爱、婚姻、悲欢离合等方面的描写，生动地展现了那个时代的生活风貌、社会文化背景和人性的多面性。

21. **玛雅文明：** 玛雅文明是古代美洲文明之一，主要分布在现今的墨西哥、危地马拉、洪都拉斯、萨尔瓦多和伯利兹等地。玛雅文明以其独特的书写文字、建筑艺术和数学等科技文化闻名于世。玛雅人是数学和天文学方面的专家，创造出了一套独特的日历系统和数学符号，其中包括“零”的发明和使用。

22. **《清明上河图》：**《清明上河图》由北宋张择端创作，是中国古代绘画艺术的经典之作。张择端按照百姓的日常生活场景进行描绘，展现了当时城市的社会、经济和文化繁荣，是一幅描绘了北宋京城汴京的繁华景象的卷轴画。

23. **格萨尔王：** 格萨尔王是藏族传统文化中最受欢迎和最重要的英雄形象之一。他被描述为一个强壮、勇敢、聪明、善良、仁慈和具有神奇力量的人物。此外，他也表达了弘扬正义、积极向上、坚定不移、维护和平的文化内涵。

24. **《古诗十九首》：**《古诗十九首》出自南朝萧统的《文选》，是十九首诗的统称，它是五言诗走向成熟的标志，被刘勰誉为“五言之冠冕”。诗歌内容多涉及人生感悟、离愁别绪与游子思妇等，代表诗歌有《涉江采芙蓉》《青青河畔草》等。

25. **闻一多：** 闻一多，原名闻家骅，毕业于清华大学，是我国近现代诗人、学者以及著名的民主人士，曾公开发表诗集《红烛》《死水》、组诗作品《七子之歌》等，体现了其伟大的爱国主义情怀。后因在李公朴追悼大会上控诉国民党反动派而遭到暗杀。

## 二、应用文写作

**【题目解析】**

倡议书是一种富有感染力、鼓舞人心的文体，通常采取倡导、呼吁、鼓励、鞭策等方式，激发人们的热情，发动群众行动起来，共同实现一个目标或解决一个问题。倡议书的格式可根据需要进行调整，但一般包含题目、称呼、正文和落款四个部分。

正文部分可以说明倡议的目的、意义和重要性；概述相关背景信息，说明倡议的具体内容和实施步骤；突出倡议的亮点和特点，吸引读者的关注和支持；提出倡议的具体要求和行动计划，呼吁读者参与进来；阐述倡议所带来的好处和意义；表示感谢与鼓励，鼓励大家一起携手为美好目标而努力。

**【参考作文】**

### “国际旅游美食展览会志愿者”倡议书

亲爱的外院同学们：

即将到来的国际旅游美食展览会，是全球美食文化交流的重要平台。为促进中西方美食文化的交流与合作，展示我市的旅游文化和美食文化形象，我院将在展会期间组织成立一支志愿服务小队，为展会的语言服务工作提供支持。同时，我们也号召外院的各位同学积极参与到志愿者活动中来，在以下几个方面为展会做贡献：

第一，热情大方，为到访的外宾提供翻译、导览服务。国际展览会少不了跨语言的交流，我们外语专业的同学正好可以发挥自身所长，充当交际的桥梁，给外国友人指指路、找找展位、做一些简单的商务口译，为外宾提供贴心的服务。

第二，细致耐心，为展会的标识牌、公示语翻译优化纠错。每逢大型国际活动，总会有一些标识翻译的错误在新闻上报道，这不仅切实影响了外宾的体验，也降低了我市的对外形象。因此，同学们可以参与到不同的展区，为这些标识牌、公示语提供最为精准的译文。

第三，尽己所能，为展会的后勤提供保障。一场成功的展览会不仅需要台前的主宾，也需要幕后的支持者们。我们希望各位同学配合工作人员，做好背景布置、必需品装卸、地面清洁等工作，让展览会的进行更加有序。

同学们，青春年华正是热情奉献之时！让我们一起行动起来，在志愿者的队伍里留下自己最美的身影，也为展览会的成功贡献自己最大的力量！

外国语学院学生会

×××× 年 ×× 月 ×× 日

## 三、现代汉语写作

【题目解析】

“知止而后有定，定而后能静，静而后能安，安而后能虑，虑而后能得。”出自《大学》，意在说明人生道路上需要明确自己期望的境界，如此才能够明确目标、坚定志向，从而使内心安定，做事思虑周全。

本篇行文可以将主题扣在明确目标、坚定信念上，论述明确目标和坚定信念的重要性，将内心安定和思虑周全作为结果展开讨论。分论点可以从明确目标及坚定信念过程中所遇到的困难展开，使文章更具有说服力。

【参考作文】

### 定，而后能赢

人生充满了机会、挑战和变数，如何在变幻无常中保持一份内心的安定与坚定是当代人的必修课，正如《大学》有云:“知止而后有定，定而后能静，静而后能安，安而后能虑，虑而后能得。”无论是在个人成长，还是在追求事业和实现奋斗目标的过程中，我们都需要具备持之以恒的心态，以锤炼自己的意志和品质。而恒心和忍耐，需要从内心深处汲取力量，始终秉持一份坚定的信仰和追求，方可砥砺前行。

生活中，有许多事情我们一时难以理解，看不清起源，也看不到结局。我们对自己的人生轨迹有过种种设定和想象，但不一定能实现这些想象，而且在实现其中的某些阶段，我们也会遇到困难和挑战。要想摆脱困难和挑战，首先要做到“知止而后有定”，即厘清心中的方向。

“知止而后有定”，是指我们在学习和生活中经过反思与总结，从中发现对自己具有真实价值和影响的事情，把这些事情看作自己人生奋斗的方向和目标，追随自己的兴趣和热情，不断前行。无论是学业、事业、家庭还是朋友，这些都是我们的人生方向，是我们需要去培养、去发展的领域。

究竟如何才能“知止而后有定”呢？这是个不断探索和发现的过程。从人们对于自己的职业生涯、情感生活、精神需求等方面的思考来看，每个人的过程都各不相同。有些人很早就明确了自己的理想和目标，不断为之努力和奋斗，并取得了骄人的成就。而大多数人则需要通过阅读、学习、实践、探索等方式，不断拓宽自己的视野，认识和了解自己，以期找到自己的方向，为此而不断努力。

在这个追求个性和自由的时代，想要“知止而后有定”非常重要。只有知道了自己真正需要什么，才能使信念坚定、心灵安定。我们要相信自己的选择，坚持自己的方向，不被外界干扰和影响。当心灵得到平静与安定，思维变得清晰明了后，我们就能够做出更好的决策和规划，让自己的人生更加充实有意义。

我们必须正视这个世界的本末和人生发展的必然性。人生之路，充满着挫折和困难，只有合理规划，与时俱进，才能够在接下来的人生之路中走得更加从容，达到更高的成就。

# 南开大学 2022 年 研究生 入学考试试题

## 一、名词解释（每小题 2 分）

1. 发言权
2. 碳中和
3. “双减”政策
4. 人类命运共同体
5. 杂交水稻
6. “硬核”话语
7. 双循环
8. 《左传》
9. 九州
10. 《文心雕龙》
11. 《沧浪诗话》
12. 《太平广记》
13. 《二十四诗品》
14. 延庆
15. 朱熹
16. 郑人买履
17. 冰壶
18. 建安风骨
19. 厚德载物
20. 藏富于民
21. 黄宗羲
22. 梅尧臣
23. 戊戌六君子
24. 融媒体
25. 复工复产

## 二、应用文写作（40 分）

广告无论以哪种形式呈现，都会包括标题、正文、结尾等部分。某翻译公司开发了一套智能翻译系统，采用人工智能技术，具备百亿级专业术语库以及语料库，支持 50 多种语言的翻译。请你给这套智能翻译系统写一篇广告，包含但不限于以上信息，不少于 450 字。

## 三、议论文写作（60 分）

《论语》中讲“君子和而不同，小人同而不和”，据此谈谈你的看法，不少于 800 字。

# 南开大学 2022 年 研究生入学考试试题 参考答案

## 一、名词解释

1. **发言权：** 发言权指的是在某种情境下，被允许或被认为有权利发表意见或发表言论的权利。发言权通常涉及某种形式的权利，如政治、社会、经济或文化等，以及特定的场合，如会议、辩论、讨论等。
2. **碳中和：** 碳中和指运用能源清洁化技术来消除碳排放，以及通过碳汇的方式储存和吸收二氧化碳，以达到净零排放的目标。碳中和被认为是新一代的气候变化解决方案之一，旨在减少环境污染、保护生态环境，推动经济可持续发展。
3. **“双减”政策：**“双减”政策主要针对义务教育阶段的学生，旨在减轻学生的作业负担和校外培训负担，该政策已经在某些方面取得了积极的效果，如破除了教育资源不均，提供更多个性化的学习机会，增加了每个学生接受优质教育的机会和平等性等。
4. **人类命运共同体：** 2012 年中共十八大首次提出构建人类命运共同体理念。人类命运共同体指的是追求本国利益时兼顾他国合理关切，在谋求本国发展中促进各国共同发展。人类命运共同体表达了中国追求和平发展的愿望，体现了中国与各国合作共赢的理念。
5. **杂交水稻：** 杂交水稻是通过杂交不同的水稻品种而进一步改良的高产稻种。中国在科学家袁隆平及其团队的努力下，完成了杂交稻的原理研究和育种技术的开发。杂交水稻具有高产、耐旱、抗病、抗虫等优点。杂交水稻的推广对于粮食安全、增加农民收入等有着重要的意义。
6. **“硬核”话语：**“硬核”话语是指一些言语或文字表达方式，通常采用刚强的语言来表达某种观点或态度。“硬核”话语常常用于强调某种事物或立场的优越性、坚决性或特殊性，容易激发听众或受众的兴趣或共鸣。
7. **双循环：** 双循环是我国当前发展战略的表述。其基本内涵是，以内循环为主线，推动以国内大循环为主体的新发展格局形成；以外循环为重点，推动国内国际双循环相互促进、良性互动，推动我国经济高质量发展。
8. **《左传》：**《左传》，原名《左氏春秋》，相传为春秋时期左丘明所著，是先秦儒家重要经典著作之一，也是中国古代第一部编年体史书。与《公羊传》《穀梁传》合称“春秋三传”。

9. **九州**：九州是指古代中国的九个行政区，包括冀州、豫州、青州、徐州、荆州、扬州、兖州、雍州、梁州，这九个州在不同的历史时期划分和名称略有不同，但基本上都包括了现在的中国境内和周边的地区。

10. **《文心雕龙》**：《文心雕龙》是中国古代文学史上的著名论著之一，它是南朝齐时期的学者刘勰所撰写的一本文学理论专著，于公元501年左右完成，主要论述了文章的构思与技巧、文学思想和审美标准等问题，对后世文学创作和文学批评产生了广泛而深远的影响。

11. **《沧浪诗话》**：《沧浪诗话》作者是南宋诗论家、诗人严羽，主要内容包括诗歌的写作技巧、诗歌的美学思想以及对于传统诗歌创作方法的批判等，被认为是中国文学史上的重要文学批评著作之一。

12. **《太平广记》**：是中国古代第一部文言纪实小说的总集，成书于宋朝，由李昉、扈蒙等人合力编纂而成，包括了自汉至宋初的神话传说、历史典故、诗词歌赋、品人物事等，具有重要的文献价值和历史研究价值。

13. **《二十四诗品》**：《二十四诗品》由唐代诗人司空图创作，是一部诗歌美学及诗歌理论专著。书中将诗歌的风格分成二十四类，以四言诗的形式逐一对诗歌的美学特征进行探讨，生动地概括出了各种诗歌的风格，对后来的诗歌发展做出积极的贡献。

14. **延庆**：延庆区是中国首都北京的直辖行政区之一、区内资源丰富，有着大面积的原始森林、丰富的动植物资源和良好的水、岩、地热资源。区内的生态环境得到了极大的保护和改善，在保持自然资源优势的同时，也逐渐成为一个有着舒适宜居环境的新兴居住地。

15. **朱熹**：朱熹是南宋时期著名的文学家、哲学家、教育家、政治家，朱熹的理学思想对中国古代思想史产生了广泛而深远的影响。朱熹强调“格物致知”，认为只有通过对天地万物的观察和体验，才能获得真正的知识。

16. **郑人买履**：“郑人买履”是一个著名的寓言故事，这则寓言故事讲的是一个郑国人过于相信脚的尺寸，而不愿亲自试穿，最终错过心仪的鞋子。后人用“郑人买履”这个成语比喻墨守成规，不愿改变或适应环境，导致自己最终遭受损失的人。

17. **冰壶**：冰壶是一项源自苏格兰的冬季运动，发源于16世纪，现在已成为一项国际性运动。在比赛中，队员不能够直接触碰冰壶，他们必须用一把被称为“扫把”的工具扫过冰面以减小或加大冰壶的滑行速度，同时还可以控制冰壶的滑动方向。

18. **建安风骨**：“建安风骨”这个词主要是用来形容东汉末年至西晋时期的风格和文化精神，在这个时期，志士仁人因忧国忧民、世道动荡，对于时局进行呼吁，希望推进政治改革。这一时期的文学作品情感深邃真挚，作者表现出强烈的民族意识和爱国情怀，以及对家国天下的忧虑和思考，因此又称“建安风骨”。

19. **厚德载物**：厚德载物的意思是品德高尚的人能够承担重任，肩负起社会的责任与义务。这个成语强调了一个人不仅要有高尚的人格，还要能够在社会中发挥自己的才能，为社会尽力而行。

20. **藏富于民**：藏富于民是指国家和社会的财富、资源和利益应该公平地分配到每个人手中，让民众共享经济发展成果。在实际中体现为政府加大社会保障力度，减轻贫困人口负担，加强公共服务，推动城乡发展一体化，促进经济社会协调发展。

21. **黄宗羲：** 浙江余姚人，字太冲，明末清初经学家、史学家、思想家，曾提出“天下为主君为客”的民主思想，抨击封建君主专制制度，被称为“中国思想启蒙之父”，著有《明儒学案》《宋元学案》《明夷待访录》等。
22. **梅尧臣：** 梅尧臣，字圣俞，北宋现代主义诗人，是宋体诗的“开山祖师”。在诗歌方面颇有建树，与苏舜钦并称“苏梅”，与欧阳修并称“欧梅”。后升任太常博士一职，并参与《太常因革礼》一书的编撰。
23. **戊戌六君子：** 戊戌六君子包括谭嗣同、康广仁、林旭、杨深秀、杨锐、刘光第，是在戊戌政变中遭到封建顽固派杀害的资产阶级维新派。戊戌变法以西方为榜样，旨在推行改革开放，促进中国现代化，因触及守旧派的利益而遭到封建顽固派的强烈反对，宣告失败。
24. **融媒体：** 融媒体是指不同媒介与技术以及内容的融合，通过多元化的传播渠道，为受众提供丰富、多样化、交互性强的信息资源。在融媒体的框架下，传统媒体、社交网络、移动端等多种媒体形式、内容类型、技术手段在信息传播中协同合作，构成了一个完整的信息生态圈。
25. **复工复产：** 复工复产是指在新冠疫情严重威胁下，通过采取有效的措施，在保障员工安全的前提下，恢复企业的生产和经营活动。复工复产还需要根据行业特点和业务模式采取不同的解决方案，如推广线上业务、采用弹性工作模式、调整生产和营销策略等。

## 二、应用文写作

**【题目解析】**

广告的特点是有针对性，能够吸引读者的注意力，语言要符合广告的风格特点，简洁易懂，富有表现力和感染力，能够让受众产生共鸣。需要充分利用调查数据、市场研究等工具，更好地把握市场需求和受众心理，从而为产品的广告宣传提供更有针对性的内容。

广告写作包括标题、正文和结尾三部分。标题需要简洁明了、有力度，能够让人在短时间内理解产品的核心卖点。正文需要列举实际的案例、数据和具体的功能特点，为读者提供可行的解决方案，让读者充分了解产品的真实价值。

**【参考作文】**

### 智能翻译系统，让语言不再成为阻碍

想要提高国际化发展水平？你需要一个精准的翻译伙伴！现在，全新智能翻译系统——智慧翻译PRO闪亮登场！我们引进人工智能技术，致力于打造一个高效、准确的在线翻译平台，让您在全球化的市场中出类拔萃。

智慧翻译PRO采用百亿级专业术语库和巨大的语料库，支持五十多种语言的翻译。商务、旅游、咨询、法律、医疗……无论您的需求场景是什么，智慧翻译PRO都可以满足您的需求。

与传统的翻译工具相比，智慧翻译PRO的优势在于：

1. 精确性：我们的专业翻译团队不断完善系统中的词汇和文化差异问题，确保翻译结果精确无误，不会出现含糊不清、歧义或语法错误等问题。

2. 高效性：智慧翻译PRO能够在短时间内完成大量文本的翻译，支持快速翻译、批量翻译和实时翻译服务，实现更高效的工作流程。

3. 安全性：我们对所有翻译的文本数据进行严格保密，确保客户信息不会泄露。

4. 便利性：智慧翻译PRO提供多种文本输入方式，包括手写、语音等多种方式，让您的翻译更加方便、简单。

智慧翻译PRO，让语言沟通无阻！

## 三、议论文写作

【题目解析】

“君子和而不同，小人同而不和”出自《论语 · 子路》，“君子和而不同”是一种品德和态度，它强调个人应该尊重他人的意见和观点，同时也体现了宽容、开放和理性的精神。君子和而不同的行为方式可以增加人际关系的和谐，促进协作和提高团队合作效率。

本篇行文可以从国家和个人两个层面展开，分别论述“和而不同”的理念在国家及个人或团体发展中的应用。国家层面可以从我国的外交理念延伸到我国处理国际事务的和平理念方面展开；个人层面可以从个体在团队中保持个性却不失共性的方面展开，也可以从个人保持独立思考、不盲目附和他人的观点展开。

【参考作文】

### 和而不同，天下大同

“君子和而不同，小人同而不和”这句话，是儒家思想中的重要观点之一，即君子之间虽然有不同的观点和意见，但是他们能够和睦相处；而小人之间虽然意见相同，却常常互相争斗，不和睦相处。“君子和而不同，小人同而不和”这一观点反映了儒家思想中的一个重要概念——人格。它强调了尊重个性差异、团队合作、道德感情等方面的重要性。

“和而不同”是一种包容和尊重的态度。周恩来总理秉承“和而不同，求同存异”的理念，尊重、理解不同国家的意识形态和社会制度，在“不同”之间谋求“大同”，这一理念的提出在万隆会议上得到了绝大多数国家的认可，并且从此成为我国重要的外交理念之一。在当今的国际社会关系中，我国将这一理念贯穿于外交关系的处理当中，尊重文化差异，与其他国家团结协作，奉行独立自主的和平外交政策，用实际行动证明了“万物并育而不相害，道并行而不相悖”。

“和而不同”是一种独立和理解的态度。正如《庄子 · 山木》中所提到的，“君子之交淡若水，小人之交甘若醴；君子淡以亲，小人甘以绝”，君子之间的相处以互相理解、尊重意见、包容差异为基础。在生活中想要与人和平相处，就必须要懂得尊重别人的观点，包容不同的观点和信仰。路遥曾说过:“流动是河流唯一的出路。”在现代社会中，人们的价值观念多种多样，各种文化和信仰也在不断交融。每个人都是独立而有价值的存在，具有不同的经历、思考和感受，因此，我们应该像君子一样，尊重别人的观点，包容不同的文化和信仰，同时也应该像君子一样，有自己的独立思考和判断能力。

“君子和而不同，小人同而不和。”所谓“和”，莫过君子之交也；所谓“同”，不近小人之戚也。君子和而不同，小人同而不和，不论是个人还是国家，只有在彼此之间建立起真正的相互尊重和理解的关系，才能真正实现和谐共处。

MTI

# 大连外国语大学研究生入学考试


大连外国语大学 2023 年研究生入学考试试题 …… E2
大连外国语大学 2023 年研究生入学考试试题参考答案 …… E4
大连外国语大学 2022 年研究生入学考试试题 …… E9
大连外国语大学 2022 年研究生入学考试试题参考答案 …… E11
大连外国语大学 2021 年研究生入学考试试题 …… E16
大连外国语大学 2021 年研究生入学考试试题参考答案 …… E18

# 大连外国语大学 2023 年
# 研究生
# 入学考试试题

## 一、名词解释（每小题 2 分）

1. 核酸检测
2. 黑天鹅事件
3. 灰犀牛事件
4. 高质量发展
5. 供给侧结构性改革
6. 荣宝斋
7. 数字经济
8. 实体经济
9. 理性消费
10. 绿色消费
11. 全球发展倡议
12. 全球安全倡议
13. 病毒变异
14. 跨文化
15. “一带一路”
16. 素质教育
17. 减负
18. 出圈
19. 改革开放
20. 入境航班熔断机制
21. 躺平
22. 性价比
23. 时空伴随
24. 人类命运共同体
25. 共同富裕

## 二、应用文写作（40 分）

现在某某大学新闻传播学院想要组织第三届秘书节活动。请你设计秘书节活动方案（时间、地点自行拟定），负责人 ×××，字数 450 字左右。

## 三、现代汉语写作（60 分）

11 月 13 日 10 时，广西（南宁）12355 青少年服务台的电话响起，接线员钟言言刚拿起电话，便听到了一个女生带着哭腔的声音。她调整语调安抚电话那头的女生："你先不要激动，慢慢说，我在呢。"

女生逐渐平静，道出了原委。原来，这是一名在学校遭受语言暴力的高中生，在得不到父母理解的情况下她想到拨打心理咨询热线求助。近 40 分钟的通话过程中，大部分时间是女生在诉说，从她在学校被孤立的状态，到埋藏在心底的梦想和秘密，接线员一直耐心地倾听着。"可能她本来就没有想让我给出具体的建议，只是想找一个人聊聊天。"钟言言说。

请根据以上材料写一篇评论性文章，不少于 800 字。

# 大连外国语大学 2023 年研究生入学考试试题参考答案

## 一、名词解释

1. **核酸检测**：在新冠疫情期间，核酸检测被广泛用于检测病毒感染。该检测方法通过采集呼吸道、喉咙或鼻子等部位的样本，提取样本中的病毒核酸。核酸检测是检测新冠病毒最可靠的方法之一。
2. **黑天鹅事件**：黑天鹅事件是指一些极其罕见、不可预测但又具有巨大影响的事件。这些事件的发生往往是在人们的预期之外，而且对人们的生活、社会和经济产生了极大的影响，例如自然灾害、金融危机、恐怖袭击等。
3. **灰犀牛事件**：灰犀牛事件指的是一些明显存在风险，但由于人们习惯于忽视或逃避，从而导致其最终成为不可避免的危机的事件。灰犀牛事件通常比黑天鹅事件更容易被预测和预防，但由于人们的惯性思维或利益驱动，往往被忽视或误解。
4. **高质量发展**：高质量发展表明中国经济由高速增长阶段转向高质量发展阶段。高质量发展强调在经济发展的过程中，要坚持创新、协调、绿色、开放、共享的新发展理念，提高经济发展的质量和效益，实现经济可持续发展。高质量发展是中国现代化建设的关键，也是中国经济发展的新方向和新目标。
5. **供给侧结构性改革**：供给侧结构性改革是指通过优化供给结构，提高供给质量和效率，它强调要从供给方面入手，通过深化改革、加强创新、加大投资等手段，调整供给结构，优化经济结构，提高生产效率和质量，实现经济增长的质量和效益的提高。
6. **荣宝斋**：荣宝斋是一家成立于清朝时期的出版社，总部位于北京。该出版社在晚清时期曾是中国最大的出版社之一，其出版的书籍涵盖了多个领域，具有很高的学术价值和历史价值。2011 年，荣宝斋入选第一批国家级非物质文化遗产生产性保护示范基地名单。
7. **数字经济**：数字经济指的是以数字技术为基础，以数据为核心，利用互联网、云计算、大数据、物联网、人工智能等新技术和新模式，推动经济发展和产业升级的一种经济形态。
8. **实体经济**：实体经济指的是以实物生产和实物交换为基础的经济形态，包括工业、农业、服务业等实体产业，是国民经济的基础，是推动经济增长、增加就业、提高生活水平的重要支撑力量。

9. **理性消费：**理性消费是指在消费过程中，消费者根据自己的实际需求和经济能力，理性选择商品和服务，以实现最大化的消费效益。理性消费强调在消费过程中，消费者应该注重商品和服务的品质、价格、性价比等因素，避免盲目跟从消费潮流、消费陋习或者过度消费。
10. **绿色消费：**绿色消费是指在消费过程中，消费者优先选择对环境友好、符合可持续发展要求的商品和服务，推动资源的节约和再利用，它强调消费者应该关注商品和服务的环保性能、可持续性、健康性等因素，避免购买对环境和健康有害的产品。
11. **全球发展倡议：**全球发展倡议是习近平主席在第七十六届联合国大会上提出的倡议。倡议主要包括六项内容：坚持发展优先；坚持以人民为中心；坚持普惠包容；坚持创新驱动；坚持人与自然和谐共生；坚持行动导向。
12. **全球安全倡议：**全球安全倡议由习近平主席在博鳌亚洲论坛上提出。倡议内容包括：坚持共同、综合、合作、可持续的安全观；坚持尊重各国主权、领土完整；坚持遵守联合国宪章宗旨和原则；坚持重视各国合理安全关切；坚持通过对话协商以和平方式解决国家间的分歧和争端；坚持统筹维护传统领域和非传统领域安全。
13. **病毒变异：**病毒变异是指病毒在传播过程中发生的基因突变或基因重组等遗传变异，使得病毒的基因组结构发生改变，从而导致病毒产生新的亚型或变异株。病毒变异是病毒进化的一种重要方式，也是疾病防控中需要重视的因素。
14. **跨文化：**跨文化是指不同文化之间的交流、交往、融合、比较和理解等过程。在跨文化交流中，人们需要了解不同文化之间的社会习俗、价值观、信仰、语言和行为规范等方面的差异，以促进有效的沟通和合作。
15. **“一带一路”：**“一带一路”是习近平主席于 2013 年提出的一项倡议，旨在推动沿线国家的互联互通和经济合作，促进区域经济发展和文化交流。“一带一路”倡议的主要内容包括基础设施建设、贸易投资、金融合作、人文交流等方面。
16. **素质教育：**素质教育是一种以培养学生综合素质为目标的教育方式，强调培养学生的创新能力、实践能力、人文精神、社会责任感等方面的能力和素质，强调学生的全面发展，不仅注重学生的学科知识培养，还注重学生的品德、智慧、身心健康等方面的培养。
17. **减负：**减负主要针对中小学生，其目的是减轻不合理、不必要的负担，而不是削减教学质量。通过减轻过重负担，推进素质教育的实施，促进学生德、智、体、美的全面发展和身心的健康成长。
18. **出圈：**最初是指某个偶像或者明星人气提升，不再只拥有小范围的粉丝，而是开始走入大众的视线中，变成了一个“公众人物”。此后，“出圈”的内涵逐步扩大，不仅局限于人物，还包括事件、物品等，都能“出圈”。
19. **改革开放：**改革开放指的是从 1978 年开始，中国进行的对内改革、对外开放的政策。在改革开放的推进下，中国经济实现了快速增长，人民生活水平得到显著提高，国际地位和影响力也不断提升。
20. **入境航班熔断机制：**入境航班熔断机制是指在疫情等特殊情况下，为了控制疫情传播，限制入境人员数量的一种措施。当某一目的地的入境人数达到一定数量后，该目的地的机场将暂停接受该航班的入境旅客，直到疫情得到控制，再逐步放开限制。

21. **躺平：** 躺平是指一种生活态度和价值观，即放弃追求高收入、高消费、高压力的生活方式，选择过简单、平淡、自由的生活。它反映了一部分年轻人对于现实生活和社会价值观的质疑和反思，以及对于自由、平等和简单生活的向往。

22. **性价比：** 性价比指的是在比较同类产品或服务时，在保持相同质量的前提下，选择价格更低的产品或服务的程度。性价比高的产品或服务可以在相同的质量和效果下，以更低的价格提供更多的价值。

23. **时空伴随：** 时空伴随是新冠疫情下出现的新词语，指本人的电话号码与确诊号码在同一个时空网格中共同停留 10 分钟以上，并且在过去 14 天中，任一方号码累计停留时长超过 30 个小时以上，被查出的号码为时空伴随号码。各地不尽相同。

24. **人类命运共同体：** 2012 年中共十八大首次提出构建人类命运共同体理念，人类命运共同体指的是追求本国利益时兼顾他国合理关切，在谋求本国发展中促进各国共同发展。人类命运共同体表达了中国追求和平发展的愿望，体现了中国与各国合作共赢的理念。

25. **共同富裕：** 共同富裕是指在经济、社会、文化等领域中，全体人民都能够共享国家和社会的发展成果，实现共同富裕的目标和理念。共同富裕是社会主义的本质要求，是中国式现代化的重要特征。

## 二、应用文写作

**【题目解析】**

专题活动策划由标题和正文两部分组成。标题可以将活动主题包含在内；正文部分需要包含的内容有活动主题、活动目的、活动内容以及活动的时间、地点等。根据题目的要求，还可以适当增加活动宣传、活动预算、活动效果以及活动意义等内容。

**【参考作文】**

### 秘书节活动策划书

为了丰富校园文化生活，进一步加强广大学生的人文素质教育，新闻传播学院决定举办秘书节活动，为同学们提供一个展现自我的平台，培养和提高广大学生的创新能力和实践能力。

一、活动主题

本次活动以“传播秘书文化，服务学院建设”为主题，使同学们了解秘书岗位，熟悉秘书职责，从而提高同学们的人文素质。

二、活动时间

2023 年 6 月 12 日至 2023 年 6 月 17 日

三、活动地点

活动地点：新闻传播学院会议室

四、活动目的

促进秘书学专业学生之间的交流与合作，提高秘书学专业学生的综合素质和实践能力。

五、活动内容

1. 主题演讲：由学生会主席团成员及各部长、干事以“传播秘书文化，服务学院建设”为主题进行演讲。

2. 征文比赛：由学生会各部门成员及同学围绕“秘书”这一主题，写一篇文章。题材不限，字数在 1000 字左右。

3. 秘书技能比赛：由学生会主席团成员及各部长、干事参加，具体事宜另行通知。

六、活动要求

1. 各班宣传委员做好活动的宣传工作，并将宣传海报张贴于醒目位置，鼓励同学们踊跃参加此次活动。

2. 参赛者可单独或以团队的形式参赛，每个参赛团队或个人只能递交一份参赛作品，且作品必须为原创。

## 三、现代汉语写作

【题目解析】

题目提供的材料是关于一个遭受语言暴力的高中生，在寻求父母帮助无果的情况下转而拨打心理咨询热线求助，接线员用温暖、耐心的态度为青少年提供了心理上的安慰和帮助，体现了心理热线在现实生活中所起到的重要作用。

本篇行文可以将中心论点扣在心理咨询在帮助青少年解决心理健康问题方面的重要性上。分论点可以从两方面出发，一方面探讨目前我国心理咨询热线的发展现状，另一方面结合材料论述接线员及心理咨询热线对解决青少年心理健康的重要性。最后结合材料，点明文章主题。

【参考作文】

### 聆听的力量——从“心理热线”看待青少年心理健康

长期以来，校园内的语言暴力现象屡见不鲜，语言暴力往往会给青少年带来沉重的精神负担，甚至会进一步影响他们的身心健康。但很多人包括青少年家长在内仍然对这些心理问题缺乏足够的重视，对于青少年的求助也存在处理不当的现象。

11 月 13 日，广西（南宁）12355 青少年服务台的接线员钟言言接到了女生小琪（化名）打来的电话，在电话的那一端，小琪声音嘶哑，诉说着她心中的困惑和痛苦，情绪非常不稳定。接线员在电话中用温暖的口吻安抚了小琪的情绪，让她在有人倾听的情况下勇敢地说出自己的感受和问题。这个女孩是一名正在遭受语言暴力的高中生，但她没能在亲人中得到理解和帮助，因此她选择拨打心理咨询热线电话，寻求帮助和支持。在通话的过程中，钟言言一直用耐心和细心的方式聆听她的诉述，帮助她排解心理上的烦恼。

事实上，在我国许多大中城市中都设有针对青少年的心理热线，旨在为遭遇问题的青少年提供心理支持和咨询。但是，我们需要看到，现实中对心理热线的支持还远远不足。一方面，由于缺乏足够的心理健康知识和对青少年身心成长的全面认识，一些人不了解心理问题的危害性，对青少年成年后的发展和生活的影响认知不足；另一方面，虽然为解决心理问题而设立的机构日益增多，但专业咨询服务的可及度与质量往往不能令人满意，这也是一些普通公众对心理咨询不信任的原因之一，也越发阻碍了心理服务的普及化。

女生小琪面对着同学的孤立、父母的不理解，没有选择独自挣扎，而是勇敢地选择了向心理咨询热线求助，这种行为本身就值得我们认真对待和肯定，因为汲取外界帮助并主动寻求解决方法是面对问题的首要态度。接线员钟言言的专业、细心和耐心，也充分展示了心理咨询热线的重要性。暴露在心理问题下的青少年，往往处于比较脆弱、敏感的状态，需要理解、宽容、支持他们且专业、有经验的人予以帮助，以引导他们了解和处理自己的情绪、想法和行为。接线员钟言言的行为代表了这个服务台对青少年的态度，在电话的另一端，这名女生感受到的并不仅仅是钟言言的安慰和倾听，同时也是这个社会对青少年心理诉求的认可和重视。

青少年的心理健康需要家庭和社会共同守护，父母的关爱和理解是帮助青少年排解心理问题的避风港，社会的帮助也是青少年健康成长中的重要一环。青少年是祖国的花朵，是初升的太阳，是未来的希望，让我们共同关心、共同期盼，一起去呵护他们的健康成长！

# 大连外国语大学 2022 年 研究生 入学考试试题

## 一、名词解释（每小题 2 分）

1. 道家
2. 罢黜百家，独尊儒术
3.《史记》
4. 南北朝
5. 理学
6. 立法
7. 社会主义初级阶段
8. 中国特色社会主义
9. 法律体系
10. 全国人大
11. 宏观调控
12. 国民经济
13. 市场经济
14. 国家统计局
15. 通信卫星
16. 航天发射场
17. 风俗
18. 发展中国家
19. 埃及
20. 两河文明
21. 大数据
22. 空间站
23. 集约型
24. 宇宙速度
25. 东正教

## 二、应用文写作（40 分）

你们学院将要举办大学生文化艺术节，请为本次艺术节写一篇活动策划书，450 字左右。

## 三、现代汉语写作（60 分）

改革开放以前，人们愿意进国企工作。随着社会主义市场经济的发展，人们开始下海经商。新时代，随着互联网时代的到来，人们开始从事互联网行业。围绕材料写一篇评论性文章。（不少于 800 字）

# 大连外国语大学2022年研究生入学考试试题参考答案

## 一、名词解释

1. **道家：**道家是中国传统哲学流派之一，追求无为而治。道家的核心思想是“道”和“无为”，认为宇宙万物皆有道，而人应当顺应道的自然规律。其代表人物有老子、庄子等。道家思想对中国历史文化产生了深远的影响，也为中国哲学思想的多元化发展做出了重要贡献。
2. **罢黜百家，独尊儒术：**罢黜百家、独尊儒术是汉武帝时期采取的一种文化政策，即禁止百家争鸣，只推崇儒家学说。这个政策在一定程度上限制了学术的发展，但也使得儒家思想成为中国传统文化的重要组成部分。
3. **《史记》：**它是中国第一部纪传体通史，由汉代司马迁所著。作为中国古代文化的重要组成部分，它被誉为“史家之绝唱，无韵之离骚”，对后世的历史研究和文化传承产生了深远的影响。
4. **南北朝：**南北朝是中国历史上一个动荡的时期，在这个时期，中原地区被分割成南北两个政治中心，南北两部分先后出现了多个政权，且南北方的经济、文化和政治发展呈现出较大的差异。
5. **理学：**理学是中国传统哲学思想之一，也被称为“心学”“道学”。它的核心思想是“理”，认为一切事物都有其本质和规律，而“理”就是揭示这种本质和规律的普遍性原则。理学的代表人物有朱熹、程颐、程颢等，他们提出了“格物致知”“致良知”“诚意正心”等重要思想。
6. **立法：**立法是指制定法律的过程，包括制定、修改、颁布、实施和解释法律的行为和程序。立法是国家行政管理的重要组成部分，它对于维护社会秩序、保障公民权利、促进经济发展等方面都具有重要作用。
7. **社会主义初级阶段：**社会主义初级阶段是指在国民经济和文化水平相对落后的情况下，国家和社会的发展仍处于初级阶段的一种历史时期。中国的社会主义初级阶段是中国特色社会主义发展的基础和起点，是中国走向现代化的必经之路。
8. **中国特色社会主义：**中国特色社会主义是指中国在社会主义初级阶段基础上，根据中国国情和时代特征，以经济建设为中心，坚持人民民主专政，推进改革开放和现代化建设，建设中国特色社会主义的理论和实践。它是中国共产党在长期实践中，总结经验、发展理论、探索新路的结果。

9. **法律体系：**法律体系是指一个国家或地区的法律规范的总体，包括宪法、法律、行政法规、司法解释、地方性法规等各种法律规范。法律体系是一个国家或地区的法律框架，是制定、实施和维护法律秩序的基础和保障。

10. **全国人大：**全国人民代表大会是中华人民共和国的最高国家权力机关，由全国各地区、各族人民通过选举产生的代表组成。全国人民代表大会是全国人民行使国家权力的机关，负责修改宪法并监督宪法的实施、制定法律、监督国家机关的工作、选举国家领导人等重要职责。

11. **宏观调控：**宏观调控是指国家为了达到宏观经济目标，通过政府的经济政策手段对整个国民经济进行的总体性调整和控制。宏观调控的目的是促进经济的平稳、快速、可持续发展，维护社会稳定和改善人民生活水平。

12. **国民经济：**国民经济是指一个国家的经济总体，包括国内生产总值、就业、收入、财政收支、贸易、投资等各个方面。国民经济的发展水平直接影响着一个国家的经济实力、国际地位和人民生活水平。

13. **市场经济：**市场经济是一种经济体制，其中资源的分配和价格的形成主要由市场机制决定，而不是由政府决策。在市场经济中，生产者和消费者在自由竞争的市场上自由交易，价格由供求关系决定，资本和劳动力也由市场自由配置。

14. **国家统计局：**国家统计局是国务院直属机构，国家统计局是保证国家经济发展、社会管理和科学研究的重要基础，也是政府制定宏观经济政策和管理社会发展的重要依据。

15. **通信卫星：**通信卫星是一种人造卫星，用于提供广域覆盖的通信服务。通信卫星的主要构成部分包括卫星本身、地面站和用户终端设备。通信卫星也是航天技术的重要应用之一，对于发展国家的航天技术和提高国家的综合实力具有重要意义。

16. **航天发射场：**航天发射场是航天事业的重要基础设施之一，是航天技术发展和飞行任务实施的重要保障。中国现有多个航天发射场，包括酒泉卫星发射中心、太原卫星发射中心、西昌卫星发射中心、文昌航天发射场等。这些发射场为我国航天事业的发展作出了重要贡献。

17. **风俗：**风俗是指在某一地区、某一民族或某一群体中，长期形成并被遵循的习惯、传统和行为规范，它包括了人们在日常生活、社交、婚丧嫁娶、宗教仪式、节庆等方面的习俗和礼仪。风俗反映了一个社会的文化、历史、民俗和道德观念。

18. **发展中国家：**发展中国家是指经济相对落后、人民生活水平较低、社会发展程度较不充分的国家，主要位于亚洲、非洲、拉丁美洲等地区，国际援助和合作、技术转移、贸易便利化等是国际社会支持发展中国家发展的主要方式。

19. **埃及：**埃及是世界上最古老的文明古国之一，拥有悠久的历史和文化遗产，如金字塔、狮身人面像、卢克索神庙等。埃及的首都开罗，是非洲人口最多的城市之一，也是埃及的政治、文化和经济中心。

20. **两河文明：**两河文明是指公元前4000年至公元前2000年左右，出现在亚洲两河流域的文明。这个地区的两条主要河流是幼发拉底河和底格里斯河。两河文明是世界上最早的文明之一，其最显著的成就是发明了较为完善的文字和数学。

21. **大数据：** 大数据是指规模庞大、类型繁多、处理速度快的数据集合。大数据的处理需要使用先进的计算机技术和算法，以从数据中提取有价值的信息、对数据进行分析和预测。

22. **空间站：** 空间站是一种人造卫星，通常位于地球轨道上，为宇航员进行长期太空生活和科学实验提供住所和工作场所。目前，世界上已经建成的空间站包括国际空间站和中国的天宫空间站。

23. **集约型：** 集约型是指在有限的空间、资源和时间内，通过提高资源利用效率和生产效率来提高经济效益的一种生产经营方式，特点是高效、节约、可持续。它可以最大限度地利用资源、提高效率，减少浪费和环境污染，有利于推动经济的可持续发展。

24. **宇宙速度：** 宇宙速度是一个物理概念，通常用于描述航天器、卫星等进入太空的恰当速度。宇宙速度也可以理解为一种逃逸速度，即当物体达到这个速度时，就可以逃离地球的引力范围，进入太空。

25. **东正教：** 东正教是基督教的一个教派，它源于基督教早期的东方教会。它是基督教三大传统教派之一，另外两个分别是天主教和新教。东正教在世界上分布广泛，主要分布在欧洲、亚洲和非洲等地区，其中最大的东正教国家是俄罗斯。

## 二、应用文写作

**【题目解析】**

活动策划书一般由标题和正文组成。标题需要写清策划的活动内容，如“××× 策划书”。正文由活动目的、主题、内容、时间地点、宣传方案等部分组成，还可根据具体的策划项目适当添加活动预算及活动预期效果等。结合题干要求，本文写作思路如下：

1. 明确活动目的和主题。
2. 设计活动内容，以便提高学生的兴趣和参与度。
3. 设计时间和地点。
4. 设计活动宣传方案，说明宣传的目标、宣传媒介、宣传效果等内容。
5. 安排人力资源和物资，以便更好地保证活动的成功实施。

**【参考作文】**

### 大学生文化艺术节活动策划书

一、活动目的

1. 展示大学生的风采和才华，增强大学生之间的交流和合作。
2. 提高大学生的艺术素养和审美能力，促进校园文化建设。

二、活动主题

本次文化艺术节的主题是“青春梦想，创意无限”，旨在鼓励同学们在校园中积极发挥自己的创造力和想象力，展示自己的才艺，助力梦想的实现。

三、活动内容

1. 文艺表演比赛：包括歌曲、舞蹈、小品、相声等多种形式，鼓励同学们自编自导自演，展示自己的才华。

2. 手工艺品展示：邀请手工爱好者参加，展示他们的手工艺品，让同学们感受到手工艺的魅力。

3. 文化讲座：邀请知名专家学者来校，为同学们讲解文化知识，提高同学们的文化素养。

四、活动时间

本次文化艺术节开幕式将于5月17日在学校体育馆举行，活动时间为5月17日至5月24日。

五、活动宣传

通过校园广播、QQ群、微信公众号等多种渠道进行宣传，吸引更多的同学参与。

六、活动保障

1. 场地保障：学校将提供体育馆作为活动场地，并配备音响、灯光、舞台等设备。

2. 物资保障：根据活动需要，准备必要的物资和道具。

3. 安全保障：活动期间，将安排安保人员和医务人员，确保活动安全和顺利举行。

## 三、现代汉语写作

【题目解析】

题目所给材料反映的是我国自改革开放以后，从社会主义计划经济转变为社会主义市场经济，再到如今互联网时代所带来的发展变化。这些变化主要体现在人们对于就业选择的方向上。

写作时可以按照不同时代下人们就业选择的变化行文，按照时间顺序体现写作逻辑，具体逻辑为：改革开放以前以国营企业为主，人们追求稳定，简述人们的选择的改变：社会主义市场经济下，私营企业兴起、人们选择下海经商；进入新时代后，互联网时代的发展改变了人们的就业态度。

【参考作文】

### 时代变迁与职业选择

如今，社会不断发展，经济发展也已经进入了新的阶段，互联网产业不断崛起并成为新的经济增长点。人们的职业选择会随着社会变革而不断地变化，从过去的国有企业到现在的互联网行业，每个时代都有不同的就业选择和发展机会。不断更新自己，应时而变，应势而变，方能跟上时代的脚步。

在改革开放以前，国企曾是人们选择的热门行业之一，因其稳固的工资和人性化的福利制度而深受追捧。同时，人们也希望通过自己优秀的表现获得稳定的职业晋升。在那个时代，国企是稳定就业的代名词，它为社会提供了大量的就业机会，是当时最主要的就业渠道之一。

但是，随着社会经济的快速发展和市场的完善，人们的就业观念发生了巨大的变化。市场经济的发展使得人们开始更加关注自己的职业发展和创业机会。下海经商成为当时人们新的就业选择，人们开始华丽转身，从被雇佣者变成了雇主。相比国企的稳定性，自主创业更能激发个人的潜能，并能够保持对自己的掌控，进而提升对未来的掌控感。

在如今的互联网时代，网络已成为人们最为熟悉、最为习惯的生活方式之一。新兴的互联网行业成为新的舞台，越来越多的人选择进入这个行业。在互联网上，人们可以按照自己的兴趣和专业选择适合的领域，展现自己的才华并获得职业上的发展。与此同时，互联网行业的特点之一是发展迅速、机会多，这为个人创业和实现梦想提供了更为广阔的舞台。

除了职业发展，互联网时代的到来还为我们带来了更多新的机会和方式。从创业、教育、娱乐到金融、医疗等各个领域均被互联网渗透和改变，推动着社会的快速发展。随着5G技术的普及和云计算、人工智能等技术的应用，互联网产业必将进一步改变人们的生活方式和就业形态。

社会的发展、市场的完善以及社会经济形态的改变都推动了人们就业观念的转变。就业革命导致环境和需求变化，但是新的时代也给我们带来了更多机遇和挑战。作为一个新时代的人，应该不断适应和掌握新的就业形式与技能，保持求变、创新的精神和活力，才能更好地做时代的弄潮儿。

# 大连外国语大学 2021 年研究生入学考试试题

## 一、名词解释（每小题 2 分）

1. 新冠疫情
2. 上海合作组织
3. 上海精神
4. 察势者明，趋势者智
5. 欲粟者务时，欲治者因势
6. 零和博弈
7. 数字经济
8. 人工智能
9. 远程办公
10. 在线教育
11. 线上（网络）问诊
12. 直播带货
13. 无人零售
14. 门阀士族
15. 名家
16. 庶族
17. 汉学
18. 玄学
19. 叔本华
20. 尼采
21. 存在主义
22. 解构主义
23. 分析哲学
24. 谶纬神学
25. 精神分析理论

## 二、应用文写作（40 分）

作为学生会的一名干事，你打算参加即将到来的学生会主席竞选，请写一篇 450 字左右的演讲稿。

## 三、现代汉语写作（60 分）

### 材料一：

有的学校通过曝光照片的方式，鼓励同学们利用偷拍的方式举报校园内情侣搂抱接吻等不文明行为。

### 材料二：

有的学校成立“自律委员会”监督校园不文明现象。有一次委员会成员为了制止情侣公开场合搂抱接吻现象，与情侣产生争执，遭到殴打。

基于两篇材料，写一篇 800 字左右的评论性文章，题目自拟，要求论点清晰，论据充足，条理清晰。

# 大连外国语大学2021年研究生入学考试试题参考答案

## 一、名词解释

1. **新冠疫情：** 新冠疫情是由新型冠状病毒引起的传染病疫情。新冠病毒主要通过呼吸道飞沫传播。患者的症状包括发热、咳嗽、呼吸急促、乏力等。为了应对这一疫情，各国政府和各组织采取了加强防控、扩大病毒检测以及推广公共卫生知识等措施。
2. **上海合作组织：** 上海合作组织是一个政治、经济和安全合作组织，旨在促进成员国之间的互信、友好、合作和共同发展。其主要目标包括打击恐怖主义、极端主义和分裂主义，维护成员国的安全和稳定，促进经济发展和区域合作。
3. **上海精神：** 上海精神是上海合作组织为世界和平发展贡献的独特智慧。这一理念强调了互信、互利、平等、协商、尊重多样文明、谋求共同发展的核心，提出了加强区域经济合作、推动经济全球化、促进互联互通、加强人文交流等方面的具体措施。
4. **察势者明，趋势者智：** 出自《鬼谷子》，强调聪明的人能及时洞察形势并且随机应变，通过掌握事物的变化趋势和发展规律从而更好地顺应时代的潮流。
5. **欲粟者务时，欲治者因势：** 出自《盐铁论》，指要种粮，就要守时；要想治国，就要顺应时代潮流。它反映出中国传统文化关于"时"和"势"的思想，即使在今日，它对个人行为和国家治理仍有重要的现实指导作用。
6. **零和博弈：** 零和博弈是指在一个竞争环境中，当一个人或一方获得利益时，另一个人或另一方必然会承受相应的损失，总体来说，利益的总量是不变的。零和博弈与合作博弈是相对的概念。
7. **数字经济：** 数字经济指的是以数字技术为基础，以数据为核心，利用互联网、云计算、大数据、物联网、人工智能等新技术和新模式，推动经济发展和产业升级的一种经济形态。
8. **人工智能：** 人工智能是指通过计算机技术和算法实现的模拟人类智能的技术和学科。它是一种让机器能够像人类一样思考、学习、推理、感知和理解的技术。人工智能技术在各个领域都有广泛的应用，正在深刻地改变我们的生活和工作方式。
9. **远程办公：** 远程办公是指员工通过互联网和数字通信技术，在不同的地理位置上利用计算机、手机、平板电脑等设备进行工作和协作的一种工作方式，其实现需要具备视频会议、实时聊天等远程协作工具。

10. **在线教育：** 在线教育是指通过互联网和数字技术，以在线视频、网络课程、远程直播、在线互动等方式进行教育教学的一种教育形式。在线教育已经成为一种重要的教育形式，尤其在疫情期间，更是受到广泛的关注和应用。

11. **线上（网络）问诊：** 线上（网络）问诊是一种通过互联网和数字技术实现的医疗服务，医生和患者可以在不同的地方通过网络进行医疗咨询和诊疗。线上（网络）问诊通常采用视频、电话、文字等方式进行沟通，给患者提供便捷、快速、安全的医疗服务。

12. **直播带货：** 直播带货是指通过互联网直播平台，利用直播形式进行商品或服务的推广和销售的一种商业模式。直播带货通常结合了营销、互动、娱乐等元素，具有较强的吸引力和影响力，被广泛应用于电商、服装、美妆、食品等行业。

13. **无人零售：** 无人零售是指利用自动化、智能化技术，实现零售业务无人化的一种商业模式。无人零售通常采用人脸识别、物联网、云计算、大数据等技术，实现商品的智能化管理、自动化销售和支付结算等功能。

14. **门阀士族：** 门阀士族是指中国传统社会中的一类社会阶层，通常在政治、经济、文化等领域具有较大的影响力和话语权，他们之间通常有着复杂的社会关系和亲戚关系，也形成了一定的家族传统和家族文化。

15. **名家：** 名家是中国古代哲学的流派之一，代表人物为惠施、公孙龙。名家认为语言与事实是割裂的，将语言看作可以任意更改的符号，并且违背语言的内涵与外延，将语言看作辩论的对象而不是工具。

16. **庶族：** 庶族指的是中国传统社会中贫苦家庭出身的人，他们出身贫寒，家境困难，通常缺乏良好的教育和社会资源，因此庶族出身的人在中国传统社会中往往受到社会的歧视和排斥。

17. **汉学：** 汉学是指对中国历史、哲学、语言、文学等方面进行深入研究和探讨的学科和领域。汉学的研究范围非常广泛，包括对中国古代文献、史料的研究以及对中国传统文化的研究等。

18. **玄学：** 亦称魏晋玄学，是中国古代哲学的一个流派。该学派主要研究的是道教和佛教的思想，同时也吸收了儒家、墨家等学派的思想。魏晋玄学的代表人物有王弼、郭象、陶渊明、阮籍等。

19. **叔本华：** 叔本华出生于1788年，是德国哲学家、文学家，同时也是唯意志论的创始人和主要代表之一。他的主要作品有《意志与表象的世界》《论意志的自由》等。

20. **尼采：** 尼采是19世纪德国哲学家、文学家，他的哲学思想涉及伦理学、存在主义、文化批评、艺术哲学、政治哲学等领域。代表作包括《权力意志》《悲剧的诞生》等。

21. **存在主义：** 存在主义是一种哲学思潮和文化运动，主要强调个体的存在和自由，以及人类面对生命意义和存在的困境。它在20世纪初兴起于欧洲，主要代表人物包括马丁·海德格尔、阿尔贝·加缪等。

22. **解构主义：** 解构主义是一种哲学和文化思潮，起源于20世纪60年代的法国。它的核心思想是质疑并颠覆传统的哲学和文化观念，通过对语言、符号、文本等进行解构，揭示隐藏在其背后的权力关系和意义。

23. **分析哲学：** 分析哲学是一种哲学思潮，强调通过逻辑分析和语言分析来解决哲学问题，分析哲学的核心思想是强调语言的作用和逻辑的重要性，认为哲学问题可以通过逻辑和语言的分析得到解决。它反对传统哲学的抽象思维和形而上学观念，强调对实际问题进行具体的分析和解决。
24. **谶纬神学：** 谶纬神学通过将神学与世俗经文融合在一起，利用预言预测吉凶，后来成为统治阶级控制民众的一种手段。
25. **精神分析理论：** 精神分析理论是由奥地利医生弗洛伊德创立的一种心理学理论，旨在探究人类的无意识和精神疾病的本质。它的理论基础是人类的行为和思维是由潜意识和无意识的心理过程所控制和影响的。

## 二、应用文写作

**【题目解析】**

演讲稿分为开头、正文、结尾三个部分。正文部分包括主题陈述、工作计划等。结合题干要求，本文的写作思路如下：

开头：简单介绍自己，感谢大家的到场和支持。

主题陈述：强调学生会的重要性，表明自己参选的目的和意义。

工作计划：列举自己的工作计划和目标，展示自己的实干精神和才能。

个人优势：突出自己的个人优势和特长，展示自己的领导能力和团队合作精神。

总结：再次表达感谢和决心，号召大家共同努力，为学生会的发展做出贡献。

**【参考作文】**

尊敬的各位老师、亲爱的同学们：

大家好！

我是来自学生会生活部的干事王小明，今天我很荣幸地站在这里，参加即将到来的学生会主席竞选。首先，感谢前来参加学生会主席竞选的各位评委和同学们。

作为一名学生会的干事，我深知学生会的重要性。学生会是我们学生自我管理、自我服务的组织，它不仅是学校与学生之间的桥梁，也是我们学生的代表和发言人。因此，我对学生会的工作充满热情和责任感。

如果我当选为学生会主席，我将会从以下几个方面推动学生会的各项工作：

首先，我将秉承“为同学服务”的宗旨，更加关注同学们的需求和诉求，通过各种渠道了解同学们的意见和建议，为同学们提供更好的服务和帮助。

其次，我将注重学生会的组织建设和团队建设，加强学生会干部的培训和管理，提高学生会的整体素质和工作效率。同时，我也将积极发挥学生会在学校里的作用，与学校领导和各个社团组织密切合作，共同推动学校的发展和进步。

最后，我相信，只要我们齐心协力，共同努力，学生会一定能够取得更加出色的成绩和更加辉煌的成就。让我们一起携手，共同打造一个更加充满活力和创造力的学生会，若我这次能够得到在场同仁的支持，成功当选学生会主席，我定当更加努力，为我们的学校和学生做出更大的贡献！

谢谢大家！

## 三、现代汉语写作

【题目解析】

两则材料中提到的主题是校园不文明现象，解决方法分别是曝光照片以及成立“自律委员会”，根据材料可以从两种方式各自的利弊出发进行探讨。

照片曝光的方式能有效曝光不文明行为，具有震慑力，但是会侵犯隐私，易引发纠纷，不能引导学生自我管理；“自律委员会”监督的方式具有引导作用，能够激发同学们的自觉性和责任感，但是基础薄弱，容易产生冲突，不能真正规范学生行为。

最后需要表明两种方式的不足，说明教育和引导的重要性，提出校园文明建设的主要渠道和方法，强调学校、家庭和社会多方合作的重要性。

【参考作文】

### 曝光与暴力：校园文明建设的两难之地

在当今社会，校园里的不文明现象越来越多，例如情侣在公共场合搂抱接吻、同学暴力欺凌等。为了解决这些问题，有的学校采取的方法是成立“自律委员会”，而有的学校则是通过曝光照片的方式鼓励同学们利用偷拍的方式举报不文明行为。这些方式虽然在一定程度上起到了作用，但是也存在一些问题。

首先，通过曝光照片的方式举报校园内情侣搂抱接吻等不文明行为，不仅侵犯了学生的隐私权，还容易引发群众愤慨和不良情绪。尤其是在网络时代，一旦照片被曝光，就很容易引起不良传播和恶意攻击，给当事人和学校带来不必要的困扰和麻烦。在这种方式下，同学们很容易产生不信任感和猜忌心理，这些都不利于校园文明建设。相比之下，应该采取更加温和有效的方式，通过宣传教育和引导，让学生自觉遵守校规校纪，提高文明素质和道德修养。

其次，成立“自律委员会”监督校园不文明现象，虽然是一种积极的尝试，但其方式和方法也需要审慎考虑。委员会成员为了制止情侣公开场合搂抱接吻现象，与情侣产生争执，遭到殴打的事件，说明这种方式存在一定的安全隐患和风险。相比之下，应该采取更加务实和有效的方式，建立健全的校园文明管理机制和监督机制，加强学生自我管理和监督，让学生自觉遵守校规校纪，共同维护校园文明和谐。

最后，学校要解决这些问题，必须更多地依靠教育和引导学生。通过规范学校机制，引导学生养成自律、文明的生活方式，提高学生的内在素质和外在形象，这样才能更好地达到校园文明建设的目的。同时，在建设校园文明的时候，学校应更多地尊重学生的权益、发挥学生的主体性，让学生们形成自觉遵守规矩、自我规范的文明氛围。

校园文明建设需要全社会的共同努力和支持，不仅是学校和学生的责任，也是家庭和社会的责任。只有通过教育和引导，提高学生的道德素质和文明素养，才能够真正实现校园文明的建设和发展。

校园文明需要的是教育而非曝光和暴力。只有通过持久的教育和引导，调动学生的自觉性和积极性，才能最终实现校园文明，让学生自觉遵守校规校纪，共同营造和谐文明的校园环境。

MTI

# 西安外国语大学研究生入学考试


西安外国语大学 2023 年研究生入学考试试题 ······ F2

西安外国语大学 2023 年研究生入学考试试题参考答案 ······ F4

西安外国语大学 2022 年研究生入学考试试题 ······ F9

西安外国语大学 2022 年研究生入学考试试题参考答案 ······ F11

西安外国语大学 2021 年研究生入学考试试题 ······ F16

西安外国语大学 2021 年研究生入学考试试题参考答案 ······ F19

# 西安外国语大学 2023 年
# 研究生
# 入学考试试题

## 一、名词解释（每小题 2 分）

1. 四书五经
2. 三省六部
3. 内卷
4. 人类命运共同体
5. 元宇宙
6. 日内瓦
7. 万里悲秋常作客，百年多病独登台
8. “一带一路”
9. 非物质文化遗产
10. 探月工程
11. 清洁能源
12. 一国两制
13. 白皮书
14. 方舱医院
15. 端午节
16. 马可·波罗
17. 踔厉奋发
18. 京剧
19. 礼器
20. 九州
21. 新石器时代
22. 文艺复兴
23. 和谐共生
24. 出口退税
25. 写意

## 二、应用文写作（40 分）

世界大学生国际交流大会将在西安举行，你作为西安 ×× 大学的学生代表，需要在大会上发表讲话，内容是关于中国与世界文化开放交流，提倡国际教育交流合作。请根据所提供的信息写一份讲话稿。要求：表达恰当，语言得体，450 字左右。

## 三、现代汉语写作（60 分）

曾子曰："士不可以不弘毅，任重而道远。"士人将历史的使命视为自身理想，并为此奋斗终生。当今时代不断变化，年轻人又该如何实现人生意义、体现人生价值？请根据以上材料写一篇议论文，题目自拟，800 字左右。

# 西安外国语大学2023年研究生入学考试试题参考答案

## 一、名词解释

1. **四书五经：**儒家经典著作，四书指的是《大学》《中庸》《论语》《孟子》，自宋朝定为官书，元、明、清三朝的科举考试题目都是出自四书；五经指的是《诗经》《尚书》《礼记》《周易》《春秋》，在汉武帝时就已经成为儒家经典合集。

2. **三省六部：**三省六部制是中国古代的中央官制。始于隋朝，完善于唐朝。三省指中书省、门下省、尚书省，六部指尚书省下属的吏部、户部、礼部、兵部、刑部、工部。三省六部制提高了决策正确性和行政效率，加强了皇权与中央集权。

3. **内卷：**原指一类文化模式达到了某种最终的形态以后，既没有办法稳定下来，也没有办法转变为新的形态，而只能不断地在内部变得更加复杂的现象。现指同行间为了争夺有限资源而提升竞争程度，导致个体“收益努力比”下降的现象。

4. **人类命运共同体：**2012年中共十八大首次提出构建人类命运共同体理念，人类命运共同体指的是追求本国利益时兼顾他国合理关切，在谋求本国发展中促进各国共同发展。人类命运共同体表达了中国追求和平发展的愿望，体现了中国与各国合作共赢的理念。

5. **元宇宙：**“元宇宙”一词诞生于1992年的科幻小说《雪崩》。小说中提到，人们在“Metaverse”这个虚拟的世界，也叫作“元宇宙”。如今，元宇宙可以理解为通过虚拟现实、增强现实技术实现的、具有连接感知和共享特征的3D虚拟空间。

6. **日内瓦：**瑞士第二大城市，其南、东、西三面都与法国接壤，自古是兵家必争之地。日内瓦人口约20万人，全年1月最低气温 -1℃，7月最高气温26℃。日内瓦通用法语，英语也很普及。世界卫生组织的总部也坐落于这座城市。

7. **万里悲秋常作客，百年多病独登台：**这两句出自杜甫的《登高》。其含义是：面对秋景心生悲伤感慨，万里漂泊，常年为客，而一生当中又疾病缠身，今日独自登上高台。全诗通过登高所见秋江景色，倾诉了诗人长年漂泊、老病孤愁的复杂感情，被誉为“七律之冠”。

8. **“一带一路”：**“一带一路”指“丝绸之路经济带”和“21世纪海上丝绸之路”，习近平主席在2013年提出“一带一路”倡议。“一带一路”倡议依靠中国与有关国家既有的双多边机制，借助既有的、行之有效的区域合作平台，高举和平发展的旗帜，旨在积极发展与共建“一带一路”国家的经济合作伙伴关系，积极推动构建政治互信、经济融合、文化包容的人类命运共同体、利益共同体和责任共同体。

9. **非物质文化遗产**：非物质文化遗产是指各族人民世代相传，并视为其文化遗产组成部分的各种传统文化表现形式，以及与传统文化表现形式相关的实物和场所。非物质文化遗产包括以下方面：（1）口头传统和表现形式，包括作为非物质文化遗产媒介的语言；（2）表演艺术；（3）社会实践、仪式、节庆活动；（4）有关自然界和宇宙的知识和实践；（5）传统手工艺。

10. **探月工程**：探月工程是利用航天器对月球进行的各种探测，旨在为人类更好地了解月球提供信息和材料，并探索其潜在使用价值。新千年后，中国正式开展月球探测工程，并命名为“嫦娥工程”，目前已完成了“嫦娥一号”到“嫦娥六号”的发射任务，在月球探测上取得了长足的进步。

11. **清洁能源**：清洁能源是指在使用和生产时对环境和人类健康影响较小的能源。常见的清洁能源包括太阳能、风能、水能、生物质能等。清洁能源不仅可以保护环境，也有望为人类提供永续性的能源供应。

12. **一国两制**：“一个国家，两种制度”的简称，是邓小平同志提出的具有中国特色社会主义理论之一，是为解决台湾问题，恢复对香港、澳门行使主权，实现祖国和平统一而提出的重大战略决策和科学构想。“一国两制”为早日完成祖国统一大业提供了政策保证，它为解决台湾、香港、澳门问题指明了方向，为解决国际争端和历史遗留问题提供了新的思路和方式。

13. **白皮书**：白皮书是政府、企业或组织为了阐述某种政策、问题、计划或观点而发表的一种专题性报告。一般来说，白皮书会针对某一特定领域进行调查研究，收集统计数据与案例分析，并在报告中详细描述政策措施、法律条文、政府政策等，最终提出具体的解决方案和建议。

14. **方舱医院**：方舱医院是指在疫情爆发时，为应对人流集中导致的医疗资源短缺，政府组织临时建造的床位数量大、需在短时间内搭建的特殊医疗设施，其中舱房住宿、就医均在房间内完成，减轻了原有的医疗机构的压力，避免了交叉感染的风险，保证了公共卫生安全。

15. **端午节**：端午节，又称“龙舟节”，是中国传统的节日之一，通常在农历五月初五这一天庆祝。主要传统活动是吃粽子、赛龙舟、挂艾草和饮春茶。端午节是中国文化的重要组成部分之一，具有浓郁的民族特色和丰富多彩的文化内涵。

16. **马可·波罗**：意大利旅行家、商人，于1271年开始前往东方旅行，最终到达中国。他记录了在中国的观察和经历，创作了《马可·波罗游记》，其成为欧洲对中国的最早和最准确的描述之一，对推动欧洲对东方文化和贸易的了解起到了重要作用。

17. **踔厉奋发**：踔厉奋发是指精神状态极为高昂，充满斗志，勇于拼搏奋发努力。通常用于形容人在面对困难、挑战或艰难险阻时，积极主动、坚定不移地向前迈进，不屈不挠、刻苦努力、追求胜利的状态。

18. **京剧**：京剧是中国优秀的传统戏曲之一，包含了戏曲唱腔、音乐、舞蹈、表演等多种元素。京剧角色分为生、旦、净、丑，每个角色形象各具特色。京剧曲调优美、表演形式丰富、文化底蕴深厚，受到世界各地观众的关注和赞赏。

19. **礼器**：中国古代的礼器是指用于国家礼仪和宴会场合的青铜、金、玉、陶、瓷等材料制成的器物。礼器种类繁多，包括了酒器、食器、烛台、香案、香炉、笔筒、墨盒、匾额等。礼器是皇室、贵族使用的重要物品，是权力、尊荣和地位的象征。

20. **九州**：九州的概念起源于中国古代传说《山海经》，在其记载的地理神话中，九州是远古神灵创造的九块大陆，分别位于四方上下与中央之间。九州包含了九个区域，分别是冀州、青州、徐州、兖州、豫州、荆州、扬州、益州和并州，每个州下辖若干县。九州的概念在历史上不仅对地理学、历史学、文化学等学科产生了影响，还渗透到了社会风俗、民间传说、艺术文化等方面。

21. **新石器时代**：新石器时代指的是从公元前8000年左右一直持续到公元前2000年左右的一个时期。在该时期，人类从狩猎采集生活方式逐渐转变为农业生产经济，并逐渐发展了陶器、纺织、磨刀等手工艺术。新石器时期的文化、经济、科技等方面的成就极大地推动了人类文明的进步和发展。

22. **文艺复兴**：文艺复兴是14~16世纪起源于意大利的一场文化运动，主张重视个人人文主义以及古代文化、艺术与科学的发展。这一时期，经典主义逐渐取代了中世纪的阴郁风格，文化、科学思想的发展也极大地促进了自然科学的飞速发展。

23. **和谐共生**：一般指人与自然和谐共生，是生态文明建设的基本原则。坚持人与自然和谐共生，对满足人民日益增长的优美生态环境需要、推动形成绿色发展方式和生活方式等都有重大意义。坚持人与自然和谐共生是满足人民日益增长的优美生态环境需要的内在要求。

24. **出口退税**：出口退税是指国家将对出口商品征收的增值税和消费税按规定比例退还给出口企业的税务优惠政策。这样可以促进国际贸易发展，缓解企业资金压力，提高商品竞争力，吸引外国投资等。

25. **写意**：写意是中国画中的一种绘画风格，与写实相对，强调笔墨、构图和气韵的表现，着重于形神兼备，追求传神达意。在写意画中，画家通过疏密有致的线条和淡雅含蓄的墨色，传达作品所要表达的意境和情感。

## 二、应用文写作

**【题目解析】**

讲话稿分为开场、正文、结尾三个部分。结合题目要求，本文的写作思路如下：

开场：一般讲话稿的开场为客套、寒暄；若讲话人为东道主，则要向来宾的到来表示欢迎。

正文：在引出核心内容前，需要做一定的背景交代。该大会于西安举行，内容是关于“中国与世界文化开放交流，提倡国际教育交流合作”，那么可以从西安乃至中国在历史上的对外交流和教育合作引出，并在正文中对这两点分别进行阐释。

结尾：结尾应包含对大会的祝愿和对未来的展望，起到深化主题的作用。

【参考作文】

尊敬的各位领导、各位来自世界各地的学生代表：

大家好！

非常荣幸能够参加世界大学生国际交流大会。今天在座的不仅有来自国内高校的师生代表，也有不远万里从欧洲、美洲、非洲、澳洲赴约的朋友们，大家在古都西安同聚一堂，我对大家的到来表示热烈的欢迎！

西安是中国的历史文化名城，拥有着丰富的文化遗产和独特的文化氛围。西安也是丝路文化的重要发源地，自古以来就是一个文化交流与交际中心，可以说，西安是中国文化的代表，以她自己的独特之处和全球化的价值贡献成为世界文化交流中的重要角色。

近年来，随着中国与世界文化交流的深入，更多的人开始了解中国文化的魅力与价值。文化是口头语言之外更具教育意义的语言，因此我们应该更加重视对文化跨界交流的推动与支持。而作为大学生，我们也应在学术、教育等领域展开更多的交流。

国际教育交流合作是一扇窗户，它不仅让更多的外国人了解中国的价值观、思想、风俗和文化，也让我们能够从其他国家和地区的文化中学习和汲取营养。与此同时，国际教育交流合作不仅有助于激发学生学习和了解不同文化的热情，也有助于推进教育行业的全球化发展。

我们期待更多的国际教育交流合作和文化交流活动，为进一步深化世界范围内不同文化之间的交流与了解、促进全球文化多样性和人类文明发展做出积极的贡献。最后，祝愿本次大会圆满成功！

谢谢各位！

## 三、现代汉语写作

【题干解析】

“士不可以不弘毅，任重而道远”出自《论语·泰伯》，说的是士人必须心胸宽广、品质坚韧，因为其责任重大，道路遥远。士人，古时指读书人，亦是中国古代知识分子的统称。在春秋时期的价值观中，士人忠于国，忠于君，忠于民，抱有为国为民的理想信念。

本篇行文可以将当今的年轻人与士人作比。今天的年轻人都接受了良好的教育，在当前的环境下，也应学习士人的品质。从个人理想与国家命运的联系这一角度出发，针对心胸宽广、品质坚韧、努力奋斗这几个方面的品质进行论述，说明这些品质对于个人理想实现与历史使命实现的必要性。

【参考作文】

### 青年不可以不弘毅

春秋时期，读书人被称为“士”。士人忠于国，忠于君，忠于民，以报国为己任，是后世读书人心中理想信念的化身。然世殊时异，当今世界正历经百年未有之变局，我们这些新生代的“士人”又该何以自处？或许，也同样是肩负国家兴亡的使命，宽厚、坚韧、坚定信念。如曾子所言，士不可以不弘毅，任重而道远也。

士之仁，在于“弘”也。诸葛亮南征蛮夷，战无不胜，蛮夷望风归附，唯孟获不降。在一片枭首示威的议论中，武侯却七擒七纵，他的宽仁不仅让西南归顺，也让西南的人民心悦诚服。同样，二十七年不见天日的曼德拉相信，仇恨不是解决问题的根本，宽容才是长久之计。他将赦免和宽容最大化，领导南非重建了整个国家，这才有了今日的彩虹之国的新面貌。明信宽厚，则能团结有志之士。

士之行，在于“毅”也。2020 年初，武汉疫情暴发，全国的医护人员纷纷请战，外卖小哥们筑起了一条条供给之渠，市民们也顾不上危险，纷纷争当志愿者。数月后，江城开放，疫情防控得以常态化，我们的生活也逐步恢复正常。“山川异域，风月同天”，中国人民坚毅的品质在此刻形成了最强合力。抗疫需坚韧，坚韧不拔，方能斩除天荆地棘。

士之志，虽任重而道远亦无止也。在战略转移之前，红军中谁也想不到这是一场两万五千里的征途。面对国民党的前追后堵，红军战士不被困难所打败。带着历史的重任，他们翻雪山，过草地，四渡赤水，越过大渡河。在艰难的环境下，他们从未放弃，不轻易放下一人，才走到了陕北胜利会师。在漫漫长路中，坚定信念，方能聚泥沙而成楼塔。

天行健，君子以自强不息。在万般变化的新时代，国家兴旺在于每一个人的努力，作为新时代的年轻人，我们当如春秋士人一般，坚定信念，不断进取。青年不可以不弘毅，任重而道远也。

# 西安外国语大学 2022 年 研究生 入学考试试题

## 一、名词解释（每小题 2 分）

1. 国内国际双循环
2. 碳中和
3. 非物质文化遗产
4. 民主党派
5. 埃德加·斯诺
6. 青衣
7. 鸿胪寺
8. “遍插茱萸少一人”中的“插”
9. 清明节
10. 民国纪年
11. 生物修复
12. 祖庭
13. 靡有不初，鲜克有终
14. 金字塔的“金字”
15. 坝
16. 蟠螭纹
17. 表意文字
18.（针灸的）灸法
19. 门扉
20. 五伦
21. 涌泉
22. 明器
23. 大秦国

24. 玄鸟
25. 散点透视

## 二、应用文写作（40 分）

2021 年国际学生环境与可持续发展大会将在西安举行，你作为西安 ×× 大学的学生代表，需要在会上发表讲话，内容是关于保护生态多样性，提倡人与自然和谐相处。请根据所提供的信息写一份讲话稿。要求：表达恰当，语言得体，450 字左右。

## 三、现代汉语写作（60 分）

2014 年 5 月 4 日，在北京大学师生座谈会上，习近平总书记指出："古人说：'大学之道，在明明德，在亲民，在止于至善。'核心价值观，其实就是一种德，既是个人的德，也是一种大德，就是国家的德、社会的德。国无德不兴，人无德不立。如果一个民族、一个国家没有共同的核心价值观，莫衷一是，行无依归，那这个民族、这个国家就无法前进。"请根据以上材料写一篇议论文，题目自拟，800 字左右。

# 西安外国语大学 2022 年 研究生入学考试试题 参考答案

## 一、名词解释

1. **国内国际双循环：** 又称“双循环”，指以国内大循环为主体、国内国际双循环相互促进的新发展格局。2020 年，新发展格局被首次提出，是中国未来经济发展的重要方向，旨在提高中国经济的自主可控性和抗风险能力，推动经济高质量发展。
2. **碳中和：** 指通过能源替代、提高能源利用效率等方式减少或清除温室气体排放，使温室气体的排放量等于或低于其吸收量的状态，以达到全球气候变化的可持续发展目标。碳中和是国际社会应对气候变化的主要策略之一，也是我国实现发展绿色转型、能源革命的关键之举。
3. **非物质文化遗产：** 又称口头或无形遗产，指以非物质形态存在的、被各民族或团体视为其文化遗产组成部分的各种文化表现形式。与有形遗产即物质文化遗产相对，非物质文化遗产主要通过活态传承的方式实现其历史价值和意义，是“活着”的文化。
4. **民主党派：** 民主党派是中国共产党领导下的八个参政党的总称。民主党派是中国政治体制中的重要组成部分，其主要职责是为中国共产党的领导服务，积极参与国家政治生活，发挥建言献策和监督执政的作用，促进中国政治体制的健康发展和社会稳定。
5. **埃德加·斯诺：** 20 世纪著名的美国记者、作家和中国问题专家，他曾多次深入中国各地采访和写作，著有《红星照耀中国》(曾译为《西行漫记》) 等作品，向世界真实且客观地介绍了中国革命和社会主义建设的历史和现实，被誉为“第一个向世界介绍红色中国的西方记者”。
6. **青衣：** 青衣是中国传统戏曲中旦行的分支，是京剧旦角的“正旦”，因演员着装多为青色褶子而得名。其扮演人物多命运凄惨，因此又被称为“苦条子旦角”，多是生活困苦的烈女、良母等类型。其表演特点是以唱功为主，而动作幅度较小。
7. **鸿胪寺：** 鸿胪寺是中国古代的一个官署，最早出现于唐代，是中国历史上最早的外交机构之一，负责接待外国使节、管理官员的礼仪和接待事务。在宋、元、明、清等朝代，鸿胪寺逐渐发展成为一个重要的官方机构，起到了重要的外交和文化交流作用。
8. **“遍插茱萸少一人”中的“插”：**“插”是指“插戴茱萸”这一中国古代民间习俗。古人认为插茱萸可以达到消灾避难的效果，因此人们会在九九重阳节这一天佩戴茱萸。或在手臂上佩戴茱萸，或是直接佩戴插有茱萸的香袋，体现了古人祈求健康、爱惜生命的追求。

9. **清明节：**清明节又称三月节、踏青节，是中国传统节日、二十四节气之一，通常在公历4月4日或5日前后。清明节也是传统的祭祀节日，人们在这一天缅怀先人、表达哀思。清明节文化内涵丰富，习俗众多，例如踏青、荡秋千、植树等。

10. **民国纪年：**民国纪年是指中国近代史中的一个时间计算系统，起始于1912年中华民国的建立。民国纪年系统与公元纪年系统不同，其年份的计算是以中华民国建立的年份为起点，例如，1912年为民国元年，1921年为民国10年。1949年中华人民共和国成立后，民国纪年系统被废除。

11. **生物修复：**指利用生物技术和生态学原理，采用生物手段修复、改善和保护环境的过程。生物修复可以应用于各种环境污染和破坏的修复和治理，如土壤污染、水体污染等，具有环保效果好、成本低、可持续性强等优点，是一种广泛应用于环境治理领域的技术手段。

12. **祖庭：**一般指佛教祖庭，是佛教宗派祖师常住、弘法布道之处。唐代时期，佛教开始分宗别派，形成了八大宗派。白马寺是佛教传入中国后的第一座官办寺院，是整个汉传佛教的祖庭。

13. **靡不有初，鲜克有终：**是一个富有哲理的警示语，出自《诗经·大雅》，意思是一般做事都能够有一个良好的开端，即“善始”，但很少能够有一个好的终结。古人常用此语相互告诫，做人做事要善始善终，勿要有初鲜终。

14. **金字塔的“金字”：**金字塔在埃及和美洲等多地均有分布，此处应指古埃及国王的陵寝，通常由多层台阶状的石块组成，呈四棱锥形，因其外形酷似汉字中的“金”字，故而得名“金字”塔。

15. **坝：**坝是指在河流、湖泊等水体上修建的一种挡水建筑物，用于调节水流、防洪、发电等。坝的种类有很多，如土坝、石坝、混凝土坝等，其规模和功能也各不相同。坝在人类社会的发展中起到了重要的作用，为人们的生产、生活和发展提供了重要的水利基础设施。

16. **蟠螭纹：**蟠螭纹是中国传统装饰图案中的一种，常见于青铜器、陶器、瓷器、建筑装饰等领域。蟠螭是一种神秘的神兽，据说能化解灾难和疫病，具有祥瑞之意。蟠螭纹在中国古代文化中具有重要地位，是中华文化的重要组成部分。

17. **表意文字：**指用来表示意义和概念的文字系统，与表音文字不同，其符号代表的是意义而非发音。表意文字在世界上的使用范围相对较小，仅有少数语言使用，如汉字、日本汉字、象形文字等。

18. **（针灸的）灸法：**灸法是中医针灸疗法中的一种，是用燃烧的艾草或其他草药，对人体穴位进行热刺激的治疗方法。灸法可以调节人体气血、免疫和代谢等功能，具有温通经络、散寒通阳、祛风除湿等功效，被广泛应用于中医临床治疗中。

19. **门扉：**门扉是门和门框的总称，是人们出入房屋的通道。门扉在中国古代被赋予了重要的象征意义，代表着家庭的荣誉、尊严和地位，同时也是家庭安全的保障。

20. **五伦：**五伦，即君臣、父子、夫妻、兄弟、朋友五种人伦关系和“忠、孝、悌、忍、善”五种关系准则。五伦是中国古代封建宗法社会的产物，是儒家血亲伦理发展的客观要求，强调人际关系的重要性和道德规范的约束力。

21. **涌泉：** 涌泉是中医学中的一个穴位，位于足底部，是人体经络的重要穴位之一。涌泉穴是全身气血的汇聚点，可以调节人体的生理和病理状态，具有强壮身体、增强免疫力、缓解疲劳等功效。
22. **明器：** 明器是指中国古代诸侯受封时帝王所赐的礼器宝物。明器通常采用青铜、金、银、玉等材料制作，具有精美的工艺和独特的装饰风格。明器在中国传统文化中具有重要的地位，代表着尊贵、高雅和文化的价值。
23. **大秦国：** 古国名，中国古代（尤指汉朝）对罗马帝国，尤其是其所统治的近东地区（包括埃及、叙利亚等地）的称呼，《魏略》《后汉书》中均有记载。该称呼的来源存在争议，主要有音译说和意译说两种说法。
24. **玄鸟：** 原始部落图腾之一，也是中国古代神话传说中的一种神鸟，出自《山海经》，通常被认为是神灵的使者和吉祥的象征。玄鸟在中国文化中具有重要的地位，被广泛应用于文字、图案、器物等领域。
25. **散点透视：** 又称“动透视”，是中国画的一种绘画技法，与西方的“焦点透视”相区分。散点透视并无明确的焦点，而是采用所谓“移步换景”的表现方式，将焦点分散到画面的各个部分，使观者欣赏画作时能做到“景随人动”，而非停留于一处。

## 二、应用文写作

**【题目解析】**

讲话稿分为开场、正文、结尾三个部分。结合题目要求，本文的写作思路如下：

开场：一般讲话稿的开场为客套、寒暄；若讲话人为东道主，则要向来宾的到来表示欢迎。

正文：在引出核心内容前，需要作一定的背景交代。当前生态环境危机日益严峻，可以从生态多样性严重丧失这一背景出发，呼吁人们保护生态环境。

结尾：结尾应包含对大会的祝愿和对未来的展望，起到深化主题的作用。

**【参考作文】**

尊敬的各位领导、各位来自世界各地的学生代表，大家好！

我是来自西安 ×× 大学的学生李华，非常荣幸能够参加 2021 年国际学生环境与可持续发展大会。今天，我想就“保护生态多样性、促进人与自然和谐相处”谈谈我的看法。

众所周知，生物多样性丧失已被联合国环境署列为与气候变化、环境污染并列的三大地球环境危机之一。如今，全世界 800 万个物种中，就有 100 多万个正因日益频繁的人类活动而遭受灭绝威胁。全球物种灭绝的速度已远远高于 1000 万年前。保护生物多样性迫在眉睫。

地球是一个精妙、复杂且脆弱的生态系统，某个物种的灭绝可能引起整个系统的失衡甚至崩溃。若是任由其灭绝，简单的生态链式崩塌，将对人类社会带来不可估量的损失。

面对这一情况，我们每一个人都应该有所行动，从自身做起，提高生态环保意识，学会低碳生活，减少浪费，而不只是一味地索取。我们还应该积极传播环保理念，将保护环境的观念普及到全社会，动员每个人参与到现代化生态环境建设中。

最后，我想强调的是，“保护生态多样性，提倡人与自然和谐共处”不仅仅是一句口号，更是一种生活态度。如果我们每个人都能行动起来，尽自己的一份力量来保护环境，那么我们的家园——这个美丽的地球，一定会变得更加美好！谢谢大家！

## 三、现代汉语写作

【题目解析】

“大学之道，在明明德，在亲民，在止于至善”出自《礼记·大学》，揭示了大学之道的核心理念在于使人们美好的品德得以彰显，在于教化民众，在于使人们达到一个最理想、最完善的境界。朱子曾言“大学者，大人之学也”。“大人”即有远大抱负、肯担当历史使命的人。

本篇行文可以从个人德行的重要性出发。今天的年轻人都应怀揣伟大的理想抱负，勇于主动承担历史使命，做一个有理想抱负、有责任心的“大人”。接着，将文章立意上升至国家道德层面，阐释社会主义核心价值观的当代价值。

【参考作文】

### 大德之道，道在价值观

歌德曾言：“无论你出身高贵或者低贱，都无关宏旨，但你必须有做人之道。”中国古人亦有“罪莫大于无道，怨莫大于无德”的说法。一个无德之人，即使取得再辉煌的成就，也无法长久，正所谓“多行不义必自毙”。古人云“厚德载物”，君子有德则虚怀若谷；国家有德，方能包罗万象。德，是立身之本，亦是立国之基，是一个国家价值观念的基础。

自改革开放以来，我国综合国力和社会发展都取得了长足的进步，人民的生活水平大大提升，但也有一些腐朽、落后、不健康的价值观念、生活方式和生活恶习重新泛滥。正是在这样的历史背景下，社会主义核心价值观应运而生。核心价值观凝练了当下我国普遍接受的基本行为规范，凝聚了了中华民族的精神共识，体现了当代中国精神风貌，是社会主义核心价值体系的灵魂和文化建设的核心。正如习近平总书记所言，“核心价值观其实就是一种德，既是个人的德，也是一种大德，就是国家的德、社会的德”。

年轻人是国家和民族的未来与希望，是21世纪我国社会主义现代化建设的主要力量。年轻人的品德建设关乎社会道德水平，关乎大学生的个人发展，更关乎社会主义接班人的培养。而个人的进步又离不开文化的哺育。社会主义核心价值体系和价值观的提出恰好提供了这样一个契机。自由、民主、平等、公正、法治、和谐等这些人类文明的共同成果被纳入其中，这也正是核心价值观对个人品德建设的要求。

核心价值观于一个国家、一个民族来说同样重要。可以说，一个缺乏核心价值观的国家或民族，也势必缺乏凝聚力。文明、和谐、诚信、友善向来是中华传统文化的精髓之一。如今，世界冲突日益彰显，我国坚持弘扬这种核心价值观，无疑将填补西方现代性价值的空缺，获得更多国际上的认同，进一步提升中华传统文化在世界上的影响力。核心价值观的确立，可以使我国的“文化软实力”在世界文明和综合国力的竞争中更有竞争力。

德，是个人安身立命之本，是国家繁荣昌盛之基。社会主义核心价值观不仅为个人提供了一套积极健康的价值观念，同样也有助于增强中华民族优秀文化的认同感，增强我们的文化自信和自觉，大大拓展当代中国先进文化在世界的影响力。

# 西安外国语大学 2021 年
# 研究生
# 入学考试试题

## 一、名词解释（每小题 2 分）

1. 儒家学派
2. 万物作焉而不辞
3. 陪葬坑
4. 居士
5. 甲骨卜辞
6. 阴阳
7. 金文
8. 骈体文
9. 丹青
10. 景教
11. 犍陀罗艺术
12. 五行
13. 黑暗时代
14. 胎体 ( 陶瓷 )
15. 弱电
16. 调幅广播
17.《说文解字》
18. 穴位
19. 十二时辰
20. 镂悬式指南针
21. 竹简
22. 缫丝
23. 合金

24. 拱手相让的“拱”
25. 纳米技术

## 二、应用文写作（40 分）

### 材料一：

11 月 4 日晚，国家主席习近平通过视频的方式在第三届中国国际进口博览会上发表主旨演讲。习近平主席强调在新冠疫情这个特殊时期，各国经济遭受重创，在此特殊时期下，中国国际进口博览会的举办为世界经济注入了新的活力，同时也体现了中国愿与世界各国一道发展的真诚愿望。

### 材料二：

为保证第三届中国国际进口博览会顺利举办，本届进博会特地设立公共卫生防疫专区，并且采取“线上 + 线下”的模式，为各国参会企业提供良好的参会体验。除此之外，本届进博会展览面积扩大了近 3 万平方米，即使在疫情的考验下，中国依然致力于为世界各国提供广阔而开放的交流平台。

### 材料三：

中国致力于推进合作共赢，在面对风险和挑战时，各国不应当独善其身、唯我独尊，而是需要携手与共、同舟共济。此次进博会的举办不仅为世界经济复苏提供了强劲动力，也与世界各国一道分享了市场机遇，中国将继续发挥大国风范，秉持开放、合作、团结、共赢的信念，与世界各国共享发展成果。

### 材料四：

11 月 4 日至 10 日，第三届进博会在上海举行。本届进博会商业企业展共设置了食品及农产品、汽车、技术装备、消费品、医疗器械及医药保健、服务贸易等六大展区，展览面积超过了上届规模。此外，本届进博会还新设立了公共卫生防疫、节能环保、智慧出行和体育用品及赛事等四大专区。

请根据以上材料写一篇新闻报道，字数在 450 字左右。

## 三、现代汉语写作（60 分）

人们自古以来就跟疫病作斗争，在此次新冠疫情中我国秉持国际人道主义精神，与世界各国进行通力合作，向国际社会分享疫情防控的有效措施，并积极提供援助物资。与此同时，我国对外抗疫援助惠及世界 150 多个国家，真正体现了人道与医道的大国风范。请根据以上材料写一篇议论文，题目自拟，800 字左右。

# 西安外国语大学 2021 年研究生入学考试试题参考答案

## 一、名词解释

1. **儒家学派：**儒家学派是中国古代的一个哲学流派，起源于春秋战国时期，以孔子为代表，其核心思想包括仁爱、礼仪、忠诚、孝道等，提倡“仁政”“君子”“大同”等理念，对中国古代政治、文化、教育等领域产生了深远的影响。
2. **万物作焉而不辞：**“万物作焉而不辞”出自《老子》，意思是让万物兴起而不拒绝它们，体现了道家主张顺应自然规律、无为而治的思想理念。
3. **陪葬坑：**陪葬坑是古代墓葬中用于存放陪葬品的一种坑。在古代，人们认为在世时有仆从、器物等，死后也需要陪葬，因此在墓葬中会开设一些陪葬坑来存放这些陪葬品。陪葬品包括各种物品，如陶器、青铜器、玉器、石器等，也包括动物、人的牺牲品等。
4. **居士：**中国古代的居士是指对佛教有所了解，具有一定修行成就，但不入佛教寺院出家的人。“居士”一词的本义是居住在家的人，因此又称居家信士。他们在日常生活中依然保持着佛教的戒律和修行方式，但不生活在封闭的寺庙大门内，可以在家庭和社会中自由地发挥作用。
5. **甲骨卜辞：**甲骨卜辞是中国古代商周时期的一种文字，其年代距今已有三千多年，主要刻写在龟甲和兽骨上，其形式多为刻画，且内容丰富多样，为我们了解古代社会提供了珍贵的资料。
6. **阴阳：**阴阳是中国古代哲学中的一个重要概念，是指宇宙万物的两个相对面，即阴和阳。阴和阳是对立而又统一的，相互依存、相互制约、相互转化。阴阳哲学不仅在哲学和自然科学领域应用广泛，同时也影响了中国文学、艺术、医学、农业等各个领域，成为中国传统文化的重要组成部分。
7. **金文：**起源于商周时期，由于文字刻在青铜器上，故又称“钟鼎文”，其年代距今已有三千多年。金文是中国古代文字的重要组成部分，是古代文字演变和发展的重要阶段。
8. **骈体文：**骈体文是中国古代文学中的一种文体，骈体文的特点是结构严谨，语言优美，表达含蓄，富有韵律感和音乐感，广泛运用在诗歌、辞赋、文章等方面，成为中国文学中的一种经典文体，对后世文学的发展产生了重要影响。

9. **丹青：**丹和青是我国古代绘画常用的两种颜色，后来逐渐演化为一个艺术概念，成为绘画艺术的代名词。丹青艺术以表现形式多样、技巧独特、思想深刻而著称，具有很高的艺术价值和文化价值。

10. **景教：**景教起源于今叙利亚，大约在公元7世纪左右传入中国，被视为最早进入中国的基督教派。景教在中国的发展历程相对较短，但是在唐朝时期曾经达到鼎盛，有一定的影响力和传播范围。

11. **犍陀罗艺术：**犍陀罗艺术又称“希腊式佛教艺术”，它起源于印度，后传入东南亚地区，成为东南亚地区佛教艺术的代表之一。犍陀罗艺术主要表现在佛教建筑、雕塑、绘画、音乐等方面，其中最具代表性的是佛塔和佛像。

12. **五行：**五行是中国古代哲学中的一个基本概念，指的是金、木、水、火、土五种基本物质和能量的概念，五行之间相互制约、相互生克。五行被认为是构成和运行宇宙的基本要素，能够解释万物的生成、发展和变化。

13. **黑暗时代：**黑暗时代是指从公元前12世纪到公元前9世纪。这个时期许多古希腊城邦的经济、政治、文化都遭受了严重的破坏和打击，但同时也是古希腊文化向更高层次发展的一个关键时期。

14. **胎体（陶瓷）：**陶瓷的胎体是指制作陶瓷时所使用的基础材料，也就是瓷土或陶土。陶瓷的胎体是制作陶瓷的关键因素，对陶瓷的品质、特色和用途都有着重要的影响。

15. **弱电：**弱电是指电信号较弱的电信号或电流。弱电通常被用于低电压电子电路中，例如计算机、通信设备、安全系统、音响设备等。弱电信号的特点是信号强度较小，频率较高，信号传输距离较短，但传输速度较快。

16. **调幅广播：**调幅广播是一种广播信号的传输方式，是最早的广播技术之一，其特点是信号传输距离较远，但受到天气、建筑物、地形等因素的影响较大，易受到干扰。因此，调幅广播在现代通信技术中已逐渐被数字化广播技术所取代。

17. **《说文解字》：**《说文解字》是我国古代的一部字典，由东汉时期的许慎撰写。《说文解字》对所收录的每个字的音、义、形、源流、用法等方面都进行了详尽的解释，不仅反映了当时的语言文字情况，也对后世的文字研究产生了深远影响。

18. **穴位：**穴位是中医学中的一个重要概念，指的是人体表面上特定部位和特定名称的点位，是人体的生理和病理状态在经络系统中的反映。在现代医学中，穴位疗法已得到广泛的应用，如针灸、推拿、耳穴疗法等，成为一种重要的非药物治疗手段。

19. **十二时辰：**十二时辰是中国古代一种时间计算方式，将一天分为12个时辰，每个时辰约等于两个小时。十二时辰在中国古代的日常生活中占有重要地位，不仅用于时间计算和日常生活中的时间安排，也与卜筮、命理等方面有关。

20. **镂悬式指南针：**镂悬式指南针是一种古代指南针的形式，是一种用于指示方向的工具。指南匣上的指针可以自由旋转，指向北极星的方向，从而指示出方向。镂悬式指南针的优点是结构简单、使用，它确立了近代罗盘的基本构造。

21. **竹简：**竹简是中国古代的一种书写材料，可用于记录文字信息，是重要的书写工具。竹简在战国时期开始广泛使用，成为当时主要的书写材料之一。在秦汉时期，竹简成为官方文件的主要载体，也被广泛用于书写文学作品、记录历史等。

22. **缫丝：** 缫丝是将蚕茧抽出蚕丝的工艺。这个过程需要经过多个步骤，包括蚕茧煮熟、蚕茧解丝、丝线加工等环节。缫丝是丝绸制造的重要环节之一，丝绸制品的质量和特点很大程度上取决于缫丝的质量。

23. **合金：** 合金是由两种或两种以上的金属或非金属元素混合而成的材料，合金通常具有比单一金属更优异的特性，如强度、硬度、耐腐蚀性、耐热性等方面。因此，合金常被用于制造各种材料，如航空航天工业、汽车制造、建筑工业、电子制造等领域。

24. **拱手相让的“拱”：**“拱手相让”的“拱”字是指两手相合，臂的前部上举。这个动作表示一种尊重和礼貌的态度，是中国古代礼仪文化中的一种表达方式。

25. **纳米技术：** 纳米技术是一种应用于纳米尺度下的科学技术，也可以称为纳米科技或纳米工程。其研究对象尺寸范围在 1 至 100 纳米，即十万分之一至千分之一的人类头发直径大小区间内。纳米技术的应用范围非常广泛，包括电子、材料、化学、生物、医学、环保、能源等领域。

## 二、应用文写作

**【题目解析】**

新闻要求文字简洁明了，让读者尽可能快速地获取相关信息。新闻是时效性强的产物，因此及时性是新闻的一个重要特点，写作过程中需要遵循客观、公正、真实、准确的原则，尽量避免主观性和个人色彩。

一则完整的新闻包括标题、导语、主体、结尾四个部分。标题要简洁明了，易于读者理解，并能够吸引读者的注意力；导语是新闻报道的开头，通常是一两句简短的介绍，旨在引起读者的兴趣，概括新闻报道的主要内容，并传达新闻的核心信息；新闻主体部分应该具有清晰的结构，符合语言逻辑，将相关的事件和事实阐释清楚；新闻结尾可以对全文进行点评，突出看点，强调重点，在不失事实基础上，呈现一个客观的态度和观点。

**【参考作文】**

### 第三届国际进口博览会在上海成功举办

11 月 4 日至 10 日，第三届国际进口博览会在上海成功举办，国家主席习近平通过视频发表主旨演讲。

11 月 4 日至 10 日，第三届中国国际进口博览会在上海盛大举行，展出面积超过了上届规模。在举办这一盛会之前，中国政府在大力推进疫情防控的同时特地设立了公共卫生防疫专区，采取“线上 + 线下”的模式为各国参会企业提供良好的参会体验。本届进博会新设立了公共卫生防疫、节能环保、智慧出行和体育用品及赛事等四大专区，继续为世界各国提供广阔而开放的交流平台。

在此次进博会上，习近平主席强调，各国需要携手合作，共同应对风险和挑战，实现合作共赢。中国将继续发挥大国风范，秉持开放、合作、团结、共赢的信念，与世界各国共享发展成果。这也展示了中国在全球化进程中的不懈努力，助力全球实现更加稳定且可持续的发展。

进博会的举办不仅为世界经济复苏提供了强劲动力，也与世界各国一道分享了市场机遇，彰显了中国愿意与世界各国一道发展的真诚愿望。本届进博会不仅为中国以及全球经济带来了新的发展机遇，也为世界各国提供了更多的合作与交流平台。中国期待不同国家和企业能够更好地携手合作，共同谋求互惠互利，共享共赢的未来。

## 三、现代汉语写作

【题干解析】

题目以新冠疫情为背景，叙述我国在国际社会上为疫情防控做出的突出贡献。本篇行文可以按照议论文的写作逻辑，中心论点扣在疫情防控中我国在人道和医道方面体现出的大国风范；分论点从我国在疫情防控中的表现、惠及的国家和范围以及抗疫援助的成效及意义方面展开。

【参考作文】

### 人道与医道的大国风范

自古以来，疫病一直是人类的劲敌，时刻威胁着人类的生命和健康。2020年，新冠疫情肆虐全球。在这场最严峻的大考中，中国迎难而上，与全球共同应对疫情挑战，与世界各国守望相助，打赢了人类抗击疫情的一场胜仗，在关键时刻展现了人道与医道的大国风范。

作为全球最早受疫情影响的国家之一，中国采取了前所未有的大规模疫情防控。疫情初期，中国迅速建设火神山、雷神山等专业化医疗机构，快速提升了全国的医疗水平。同时，中国科学家与国际医学专家联合攻关疫情，积极探索病毒的源头和疫苗的研发，提供了不可磨灭的贡献。

在疫情防控的关键时刻，中国果断采取历史性抗疫措施，全面提升了现代化的公共卫生治理能力，有效地控制了疫情传播。凭借着严格的疫情防控措施，中国仅用短短两个月的时间就顺利控制住了疫情的蔓延，守住了一条包括“三防、三控”的严密疫情防控线，世界为之惊叹。

当其他国家陷入疫情的泥潭中时，中国义不容辞地与世界各国分享抗疫经验，向疫情严重的国家提供紧缺物资和专业人员援助。中国政府在难关面前大力支持全球联防联控，多次组织防疫国际视频会议，为全球抗疫提供强力支撑。中国支持全球贸易和疫苗产能的释放，主张以人类命运共同体理念为指导，共建健康世界。

从援助意大利、西班牙等疫情严重国家的抗疫物资，到为埃及提供首批新冠疫苗，这种彰显大国风范的柔性实力，让“中国力量”成为世界瞩目的焦点。在中国的支持下，很多国家克服了防疫物资短缺、医疗设施不足等严重问题。然而，随着疫情的蔓延，全球范围内防疫的需求和压力进一步增加。为此我国迅速成立专业医疗队伍，派遣医护人员至海外，与众多国家进行了深度合作。

作为世界上最大的发展中国家，中国秉持着人类命运共同体理念，进一步提升了国际形象和国际影响力。通过向世界分享疫情防控的有效措施和援助物资等方式，我们不仅给国际社会提供了重要支持和保障，还体现出了人道与医道的大国风范，同时也向世界传递了一个负责任、可信赖、有担当、可持续发展的中国形象。

MTI

# 厦门大学
# 研究生入学考试


厦门大学 2023 年研究生入学考试试题 …… G2

厦门大学 2023 年研究生入学考试试题参考答案 …… G5

厦门大学 2022 年研究生入学考试试题 …… G10

厦门大学 2022 年研究生入学考试试题参考答案 …… G12

# 厦门大学2023年研究生入学考试试题

## 一、单项选择题（每小题2分）

1. 三皇五帝中的“三皇”指的是谁？
   A. 尧、舜、禹
   B. 燧人氏、伏羲氏、神农氏
   C. 太昊、炎帝、黄帝
   D. 燧人氏、伏羲氏、女娲
2. 中国画中最早成熟的画种是什么？
   A. 人物画　　B. 花鸟画　　C. 山水画　　D. 水墨画
3. “成也萧何，败也萧何”讲的是谁的故事？
   A. 刘邦　　B. 萧何　　C. 项羽　　D. 韩信
4. 六朝古都是哪里？
   A. 西安　　B. 洛阳　　C. 南京　　D. 开封
5. 最早在《新青年》上提倡以白话文代替文言文，成为文学革命先声的是？
   A. 鲁迅的《狂人日记》
   B. 胡适的《文学改良刍议》
   C. 陈独秀的《文学革命论》
   D. 李大钊的《庶民的胜利》
6.《蔡文姬》的作者是？
   A. 闻一多　　B. 徐志摩　　C. 郭沫若　　D. 卞之琳
7. 哥德巴赫猜想研究的最大贡献者是谁？
   A. 华罗庚　　B. 曾远荣　　C. 陈景润　　D. 苏步青
8. 最早对乔叟、斯宾塞等人作出合理评价，且被称为英国文学批评的创始人是谁？
   A. 约翰 · 德莱顿
   B. 菲利普 · 锡德尼
   C. 约翰 · 弥尔顿
   D. 塞缪尔 · 约翰逊

9. 以下哪一位美国作家获得过诺贝尔文学奖？

A. 杰克 · 伦敦　　B. 弗兰克 · 奥哈拉

C. 罗伯特 · 勃莱　　D. 尤金 · 奥尼尔

10. 依照霍姆斯的看法，下列哪一项不属于应用翻译研究的内容？

A. 翻译教学　　B. 翻译辅助手段

C. 翻译批评　　D. 翻译等级

11. 聂赫留朵夫是哪一部作品中的人物？

A.《复活》　　B.《罪与罚》

C.《战争与和平》　　D.《静静的顿河》

12. 下列没有使用第三人称的是？

A. 桓公亲逆之于郊，而与之坐而问焉。

B. 百姓皆闻其贤，而未知其死也。

C. 肖同叔子非他，寡君之母也。

D. 率时农夫，播厥百谷。

13. 阿芙洛狄忒是古希腊神话中的爱与美之神，在罗马神话中称为？

A. 弥涅尔瓦　　B. 维纳斯

C. 维斯塔　　D. 戴安娜

14. 泰戈尔获得诺贝尔文学奖的作品是？

A.《飞鸟集》　　B.《新月集》

C.《吉檀迦利》　　D.《文明的危机》

15.《大卫》雕塑是谁的作品？

A. 罗丹　　B. 米开朗琪罗

C. 拉斐尔　　D. 达 · 芬奇

## 二、简答题（每小题 10 分）

1. 一位译员带着一个外国孕妇去看病，医生特别忙，没有时间，译员抓住机会替孕妇问了医生几个问题，你认为这种做法是否正确？

2. 谈一谈你对多模态翻译的认识。

## 三、应用文写作（40 分）

请给耶鲁大学戏剧系的吴教授写一封中文邮件（450 字左右）。你将要申请耶鲁大学戏剧系的硕士研究生，希望他能够成为你的导师。

## 四、大作文（60分）

《哈姆雷特》中有一段独白：“人类是一件多么了不起的杰作！多么高贵的理性！多么伟大的力量！多么优美的仪表！多么文雅的举动！在行为上多么像一个天使！在智慧上多么像一个天神！宇宙的精华！万物的灵长！……世间已经不能引起我的兴趣，不，连女人也不能引起我的兴趣。”根据这段独白进行分析并发表感悟，写一篇800字左右的论述文。

# 厦门大学 2023 年
# 研究生入学考试试题
# 参考答案

## 一、单项选择题

1.【答案】B

【解析】三皇五帝的说法不一，原始意义上的三皇指远古三皇，即天皇氏、地皇氏、人皇氏。《尚书大传》认为燧人氏、伏羲氏、神农氏是三皇，《三字经》记载伏羲氏、神农氏、黄帝是三皇。

2.【答案】A

【解析】中国画可分为三类：人物、花鸟、山水。人物画历史悠久，商周时期已有壁画，隋唐时期已高度成熟。山水画在魏晋南北朝时逐渐发展，主要作为人物画的背景，隋唐时独立成画。花鸟画在魏晋南北朝前是图案纹饰，魏晋南北朝时独立成画。

3.【答案】D

【解析】“成也萧何，败也萧何”出自《史记·淮阴侯列传》。萧何是刘邦的谋士，韩信起初在刘邦手下担任管理粮饷的小官，后来经萧何推荐当上大将军，后来韩信试图谋反，萧何用计杀害韩信，因此韩信的成功和失败都与萧何有关。

4.【答案】C

【解析】南京，古称金陵、建康，东吴、东晋，南朝的宋、齐、梁、陈相继在南京建都，故称六朝古都。此外，有人认为北京是六朝古都，也有人认为北京是五朝古都，由于辽代北京是陪都，金、元、明、清、民国均为首都，因此存在这种分歧。

5.【答案】B

【解析】胡适是提倡白话文、反对文言文的先锋，1917 年其《文学改良刍议》发表在《新青年》上，主张用白话文代替文言文，提出“白话文学之为中国文学之正宗”。陈独秀的《文学革命论》在《新青年》的下一期上刊出，为之声援。

6.【答案】C

【解析】郭沫若在 1959 年完成历史剧《蔡文姬》，该剧是专门为北京人民艺术剧院创作的，描述了三国时期才女蔡文姬的人生境遇。

7.【答案】C

【解析】哥德巴赫猜想是普鲁士数学家哥德巴赫在1742年提出的猜想，是世界近代三大数学难题之一，其中最难的是证明“1+2”和“1+1”。陈景润在1966年证明了“1+2”，其成果成为哥德巴赫猜想研究最重要的里程碑，被称为“陈氏定理”。

8.【答案】A

【解析】约翰 · 德莱顿是17世纪英国古典主义时期的诗人、剧作家、文学批评家，著有《论戏剧诗》《悲剧批评的基础》等，首先对乔叟、斯宾塞、莎士比亚等人作出合理评价，被称为英国文学批评的创始人，他创作的时代被称为“德莱顿的时代”。

9.【答案】D

【解析】尤金 · 奥尼尔是美国戏剧作家，代表作有《东航卡迪夫》《天边外》《琼斯皇》等，曾四次获普利策奖，在1936年获诺贝尔文学奖，获奖原因是“他剧作中所表现的力量、热忱与深挚的感情——它们完全符合悲剧的原始概念”。

10.【答案】D

【解析】霍姆斯提出将翻译研究作为学科，描绘出翻译研究的结构图，将翻译研究分为纯翻译研究和应用翻译研究，其中应用翻译研究包括译员培训、翻译辅助工具（手段）、翻译批评和翻译政策。

11.【答案】A

【解析】德米特里·聂赫留朵夫是《复活》的男主角,《复活》是列夫·托尔斯泰的长篇小说，通过描述女仆玛丝洛娃的痛苦遭遇和聂赫留朵夫的上诉经过，抨击了俄国封建统治的腐败和黑暗，被誉为俄国批判现实主义发展的高峰。

12.【答案】C

【解析】古汉语中,常见的第三人称代词有“之”“其”“厥”等。“而与之坐”的“之”、“未知其死”的“其”和“播厥百谷”的“厥”均为第三人称代词,“肖同叔子非他”的“他”是无定代词，具有旁指的作用，表示“其他的”“别的”。

13.【答案】B

【解析】阿芙洛狄忒是古希腊神话中的爱与美之女神。罗马征服希腊后，罗马人大规模翻译希腊典籍，模仿和继承希腊文化，在翻译《奥德赛》时用罗马神的名字取代希腊神的名字，阿芙洛狄忒被译为维纳斯。

14.【答案】C

【解析】罗宾德拉纳特 · 泰戈尔是印度诗人、文学家，1913年以《吉檀迦利》成为第一位获得诺贝尔文学奖的亚洲人，获奖原因是“他那至为敏锐、清新与优美的诗；这诗出之于高超技巧，并由他自己用英文表达出来，使他那充满诗意的思想业已成为西方文学的一部分”。

15.【答案】B

【解析】《大卫》是1501年—1504年意大利雕塑家米开朗琪罗创作的大理石雕塑，现收藏于意大利佛罗伦萨美术学院。

## 二、简答题

1. 一位译员带着一个外国孕妇去看病，医生特别忙，没有时间，译员抓住机会替孕妇问了医生几个问题，你认为这种做法是否正确?

我认为这种做法不正确。译员在提供医疗口译服务的时候，需要遵循口译员的行为准则，尽到译员的义务，准确地为孕妇和医生传达信息，保持自身作为专业人士的职业修养，避免个人介入，而不是代替客户向医生提问。这样既不尊重孕妇，也不尊重医生，很可能导致孕妇信息表达和传递失误，影响医生对病情的判断，从而影响孕妇的健康。更好的做法是提前与医院预约，并与孕妇提前沟通需要咨询的问题，在预约时间内快速而准确地为孕妇和医生做好口译服务。

2. 谈一谈你对多模态翻译的认识。

多模态话语理论是在韩礼德的系统功能语法基础上发展而来的，模态是人类通过感官系统与外部环境互动的方式，多模态翻译一般是使用文本和与文本相关的图片、视频、音频等进行翻译，通过图片等信息消除文本可能产生的歧义，从而提高翻译的准确性。在多模态话语分析的视角下，译者可以考虑到文化、语境、内容和表达层面的影响调整译文。

## 三、应用文写作

**【题目解析】**

一般来说，邮件需要包括称呼、正文、结束语和署名。本文的写作思路如下：

称呼：对方是耶鲁大学的吴教授，可以加上“尊敬的”表示尊重。

正文：首先表示感谢，然后写上自我介绍，包括自己的学术背景、学习经历、对专业的热情和追求，说明自己的来意；其次可以写对耶鲁大学戏剧系和对吴教授的认知与理解、崇敬与期望，阐述自己为什么选择耶鲁大学戏剧系和为什么选择吴教授；最后可以表示自己的学习计划和未来愿景，展现自己的能力以及未来发展的前景。

结束语：再次表达谢意，感谢吴教授花时间阅读并考虑自己的申请信，期待得到吴教授的回复和指导。为表敬意还可以加上“此致敬礼”。

署名：包括姓名和时间。

**【参考作文】**

尊敬的吴教授：

您好!

感谢您从百忙中抽出时间阅读这封信。我是 ×××，×× 大学戏剧影视文学专业的学生，将于今年 6 月本科毕业。我有志于接下来继续攻读研究生，希望能成为您的学生，取得更大进步。

在我初探戏剧影视文学的时候，您编写的剧本深深吸引了我，您在剧本中体现出的高超技巧和人性刻画使我认定您是我的理想导师。在我对耶鲁大学深入了解之后，我更加深刻地认识到了耶鲁大学戏剧资源的丰富和教育方式的先进。只有在耶鲁大学，我才能够接触和感受到更多的前沿思想和作品，实现自己在编剧方面的突破和进步。

我热爱编剧，在本科阶段就选择了戏剧系，同时也已经开始写剧本。在大学期间，我已经学习了不同领域和不同时代的剧作，还成功地创作了三部话剧，获得了学校的多个奖项。我的话剧非常关注故事性和人物形象，也注重舞台的呈现效果。希望能够借助您的知识和经验，不断学习和探索，提高自己的能力。

如果有机会成为您的研究生，我将发挥自己的创造力，突破自己的编剧极限，写出更有价值的剧本。我期待能够与来自世界各地的同学们相互分享和学习，提高自己的能力，开阔自己的视野。随信附上我的原创剧本和个人简历，敬请惠存。

最后，再次感谢您抽出时间阅读我的申请信。无论您做出怎样的决定，我都会心怀感激。

此致

敬礼

×××

××年××月××日

## 四、大作文

【题干解析】

《哈姆雷特》写于莎士比亚创作的中期，当时资产阶级矛盾逐渐尖锐，人民生活不断恶化，莎士比亚自己也深感现实与人文主义理想的冲突。在悲剧《哈姆雷特》中，主人公哈姆雷特一方面认为人类是伟大的，另一方面又觉得什么也不能引起他的兴趣，在与人交流中没有快乐，这两种情绪是相互矛盾的。实际上哈姆雷特的独白反映出作者感受到的人类危机，人文主义已经导致人的欲望极度膨胀，产生了许多尖锐的社会问题。那么我们可以思考，人真的是了不起的杰作，真的这么伟大吗？

【参考作文】

### 人类是了不起的杰作吗？

“人类是一件多么了不起的杰作！”哈姆雷特这样赞美道。他将人类视为宇宙的精华、万物的灵长，是高贵的理性、伟大的力量、优美的仪表和文雅的举动使人从万物中脱颖而出，人因为智慧、能力和美成为世间最为杰出的生灵。但人类真的如哈姆雷特所言如此优秀吗？这段独白是引人深思的。

人类确实有伟大的一面。回顾历史长河，人类走出非洲，运用智慧和能力在世界各地繁衍生息，绵延至今。人类有着先进的文明、艺术和科技，我们可以上到遥远太空，下到万米海底；我们用语言、文字、绘画、音乐、戏剧、建筑诉说人的成就，展现人的价值；

我们突破一个又一个极限，创造一个又一个奇迹。

但是人类常常滥用这份理性和力量。哈姆雷特说，“世间已经不能引起我的兴趣”，他经历了父亲被杀、母亲改嫁的连续打击，对人类的伟大与世界的意义产生了怀疑。人类创造出美好的世界，也创造出恶劣的人间。科技的进步带来了便利，却总有人利用这份便利压迫和侵害他人；文明的丰富多彩促使人们不断进步，但文明之间的冲突却导致流血与牺牲；艺术的美好给予人精神滋养，可世界上从来不缺焚琴煮鹤、暴殄天物的惨象。

我们在追求个人欲望和权力的道路上走得太远，忽视了他人的需求，践踏了社会的公共利益，导致社会不平等、不公正。我们在追求财富和享受的过程中忽视了精神世界，导致当代人不断出现心理问题，对生活的意义感到迷茫。我们在高速发展的现代化社会里变得冷漠自私，又奢望全世界的人都以最好客的方式对待自己，好让自己活得更舒适。

哈姆雷特的怀疑至今仍有现实意义。在看待人类这个整体时，人类是高尚与卑劣的混合体，但作为个体的人，我们可以选择自己的道路。人在创造和实现价值的时候才能称为活着，不然就只是苟延残喘。我们需要自省，需要发挥智慧，需要让这个世界变得更加美好。我们无法避免人性的复杂带来的影响。但是在面对自身的困境和挑战时，是选择随波逐流还是奋斗超越，决定了我们自己是“了不起的杰作”还是一捧毫无价值的尘土。

# 厦门大学 2022 年 研究生 入学考试试题

## 一、单选题（每小题 2 分）

1. 隋炀帝征伐______，直接导致了隋朝的灭亡。
   A. 高句丽　　B. 契丹　　C. 暹罗　　D. 日本
2. 唐中宗死后，韦太后临政欲称帝，______ 发动政变夺回了政权。
   A. 李旦　　B. 李隆基　　C. 李世民　　D. 李元吉
3. 我国佛教最盛行的朝代是？
   A. 汉朝　　B. 魏晋南北朝　　C. 唐朝　　D. 宋朝
4. “以史为鉴，可以知______”，这是唐朝第一诤臣魏征去世后，唐太宗对朝臣发出的感慨之言。
   A. 天下　　B. 兴替　　C. 兴亡　　D. 得失
5.《资治通鉴》的编纂者是______。
   A. 刘向　　B. 司马迁　　C. 司马光　　D. 班固
6. “临别殷勤重寄词，词中有誓两心知。七月七日长生殿，夜半无人私语时。在天愿为比翼鸟，在地愿为连理枝。天长地久有时尽，此恨绵绵无绝期。”出自哪一首诗？
   A.《牡丹亭》　　B.《长恨歌》　　C.《长相思》　　D.《长生殿》
7. “蛾儿雪柳黄金缕。笑语盈盈暗香去。众里寻他千百度。蓦然回首，那人却在灯火阑珊处。”的作者是______。
   A. 辛弃疾　　B. 柳宗元　　C. 苏轼　　D. 晏殊
8. 以下哪一部是川端康成的作品？
   A.《罗生门》　　B.《海边的卡夫卡》
   C.《人间失格》　　D.《雪国》
9. 坐落在奈良的______是世界上现存最大的木结构寺庙。
   A. 东大寺　　B. 法隆寺　　C. 唐招提寺　　D. 伊势神宫
10. 日本电影《情书》的导演是______。
   A. 岩井俊二　　B. 黑泽明　　C. 北野武　　D. 大岛渚
11. 弗朗索瓦・特吕弗是法国著名的______。

A. 钢琴家　B. 舞蹈家　C. 作词家　D. 导演

12. 小布什和特朗普之间的美国总统是______。

A. 克林顿　B. 胡佛　C. 拜登　D. 奥巴马

13. 亚美尼亚和阿塞拜疆位于______地区。

A. 高加索地区　B. 喜马拉雅地区

C. 波斯湾地区　D. 红海地区

14. ______是世界著名的中国钢琴家。

A. 廖昌永　B. 王羽佳　C. 丁冠群　D. 刘晓禹

15. 利雅得是______的首都。

A. 沙特阿拉伯　B. 阿联酋　C. 伊朗　D. 埃塞俄比亚

## 二、简答题（每小题 10 分）

1. 在翻译理论与实践中，“忠实（faithful）”和“忠诚（loyalty）”有何不同？
2. 请你简要谈谈对“翻译腔”的理解和看法。

## 三、应用文写作（40 分）

请你为公司的一位离职员工写一封推荐信，450 字以上。

要求如下：

1. 写出这位员工在公司的成绩。
2. 写出推荐这位员工的理由。

## 四、大作文（60 分）

新冠疫情暴发两年以来，你有什么思考？写一篇 800 字以上的议论性散文。

# 厦门大学 2022 年研究生入学考试试题参考答案

## 一、单选题

1.【答案】A

【解析】隋炀帝杨广从大业八年（公元 612 年）到大业十年（公元 614 年）对高句丽进行了三次战争,但三次都以失败告终。三征高句丽给隋朝的统治带来了十分负面的影响，不仅严重损耗了隋朝的国力，也造成了百姓民不聊生，严重激发了阶级矛盾，最终导致了隋末农民起义的爆发。

2.【答案】B

【解析】唐中宗皇后韦氏毒死中宗，阴谋夺权，立温王李重茂为少帝，韦后摄政。不久临淄王李隆基（后来的唐玄宗）与太平公主（武则天女）发动禁军攻入宫城，杀韦后、安乐公主、上官婉儿及诸韦氏子弟，迫少帝让位，立相王李旦（李隆基父）为帝，是为睿宗。

3.【答案】C

【解析】佛教发源于古印度，在汉朝正式传入我国，魏晋南北朝时期快速传播发展，隋唐时期发展成熟，达到顶峰，封建社会后期逐渐衰落。

4.【答案】B

【解析】“夫以铜为镜，可以正衣冠；以古为镜，可以知兴替；以人为镜，可以明得失。”出自唐代史学家吴兢的《贞观政要》，是魏征病故后，唐太宗在哀痛时对朝臣的感叹之言。

5.【答案】C

【解析】《资治通鉴》简称“通鉴”，是由北宋司马光（1019—1086）主编，并由当时学者刘恕、刘攽和范祖禹协修的一部编年体史书，全书 294 卷，涵盖自战国初期三家分晋至五代末年宋太祖灭后周共 1362 年的历史。

6.【答案】B

【解析】《长恨歌》是唐代诗人白居易的一首代表性长篇叙事诗。题干中的诗句为《长恨歌》的最后八句。全诗以叙事和抒情结合的手法形象地叙述了唐玄宗与杨贵妃的爱情悲剧，对当时和后世的文学和爱情产生了巨大的影响。

7.【答案】A

【解析】《青玉案·元夕》由南宋词人辛弃疾所作，上半阕描写元宵节时繁华欢乐的景象，下半阕先描写衣着华美的游女，后反衬出清高、不落俗套的意中人形象，体现出作者的孤高品格。

8.【答案】D

【解析】《雪国》是川端康成的第一部中篇小说，也是他的代表作，描述了舞蹈艺术研究者岛村、艺伎驹子、少女叶子的爱，书中描绘的美最终是虚无的、悲哀的，使人无比惆怅，表现了川端康成的物哀思想。

9.【答案】A

【解析】东大寺始建于奈良时代，位于首都平城京以东，得名东大寺，又称大华严寺，是全世界最大的木造建筑，1998 年被列入世界文化遗产。

10.【答案】A

【解析】日本电影《情书》是由岩井俊二执导，中山美穗、丰川悦司、柏原崇等主演的爱情电影，于 1995 年首映，讲述了由一封本应寄往天国的情书意外收到回信，从而挖掘出的一段爱情故事。

11.【答案】D

【解析】弗朗索瓦·特吕弗是法国导演、演员、编剧、制片人，曾凭借自编自导的剧情片《四百击》获得第 12 届戛纳电影节最佳导演，《日以继夜》获得第 46 届奥斯卡金像奖最佳外语片。

12.【答案】D

【解析】2001 年 1 月 20 日，乔治·沃克·布什（George Walker Bush，小布什），正式入住白宫，2001 年至 2009 年担任美国总统。奥巴马任期是 2009 年 1 月 20 日至 2017 年 1 月 20 日。2016 年 11 月 9 日特朗普当选美国第 45 任总统，2020 年 12 月，特朗普败选，连任失败。

13.【答案】A

【解析】高加索山脉是亚欧大陆地理分界线的一部分，横贯格鲁吉亚、亚美尼亚和阿塞拜疆，是亚欧枢纽，亚美尼亚和阿塞拜疆存在领土纷争，导致高加索地区成为"欧洲火药桶"。

14.【答案】B

【解析】王羽佳，1987 年 2 月 10 日出生于北京市，当今最优秀的钢琴家之一，曾获得"吉尔莫青年艺术家奖"，代表作《奏鸣曲与练习曲》。

15.【答案】A

【解析】利雅得，沙特阿拉伯首都、第一大城市，位于阿拉伯半岛中部的哈尼法谷地的平原，利雅得在阿拉伯语中为"庭院"之意，是一个典型的绿洲城市，人口超过 600 万，夏季炎热干燥，冬季气候温和。

## 二、简答题

1. 在翻译理论与实践中，“忠实（faithful）”和“忠诚（loyalty）”有何不同？

在传统翻译理论中，“忠实”指的是译文要忠实于原文，即译文要等同于原文，是文本之间的关系，但是实际上这种忠实是难以达到的。德国的功能翻译学派提出了“功能加忠诚”的翻译伦理，认为“忠诚”是译者、原文作者、译文接受者、翻译发起者之间的人际关系，译者在翻译活动中受到其他参与方责任的限制，需要协调各交际方之间的关系，如果委托人要求译者对作者、读者不忠诚，译者应该与委托人争论；只要和原作者的交际意图一致，译文预期和实际达到的功能可以不同于原文预期和达到的功能。

2. 请你简要谈谈对“翻译腔”的理解和看法。

“翻译腔”是在翻译时受到源语言、源语文化等影响，导致译文不够流畅的文体，往往是在译者追求“信”和“达”的平衡时产生的，难以避免。由于原文是受源语文化影响而写出来的，其译文也会带上源语文化的思维方式，读者在大量阅读此类文本后，自身思维方式也会受到潜移默化的影响，最终会影响到个人的语言习惯，导致语言变化。如英文中的 the being of sth.，being 本身是名词，“存在”在中文中是动词，却总有人译为“……的存在”，形成了不自然不地道的译文。要想避免中文的翻译腔，需要灵活变通，多读名家的文章，保持对中文语言特点的敏感。

## 三、应用文写作

【题目解析】

推荐信可以包括以下五个层次：

1. 离职员工在公司的业绩：介绍员工在公司内的职务、工作时间、工作职责、上述职务所获得的成绩和业绩。

2. 推荐员工的理由：详细介绍员工在公司工作期间的工作经验和表现出的能力，包括参与的项目、评价、获得奖项或荣誉、专业技能、创新能力、沟通能力等。

3. 强项和建议：详细介绍员工的优点和特长，以及在未来工作中还有哪些方面需要进一步提高与培训。

4. 祝福：表示对该员工离开公司的遗憾和对其未来工作的祝福，也可表示对该员工未来担任某职务的担忧。

5. 落款：推荐信的撰写者在公司内的职位或称号、日期。

【参考作文】

## 推荐信

×× 公司人力资源部门：

您好！

我非常荣幸向您推荐我公司的离职员工张 ×× 先生，希望他可以在贵公司继续展现自己的才华。

张先生在 2020 年 7 月至 2022 年 7 月在我公司担任产品经理，其工作职责包括海外工具类和内容类产品的功能设计、交互设计、运营数据增长管理，竞品和行业模式分析与研究，产品迭代和改进，以及部分产品、用户、内容的运营工作。张先生在公司工作期间表现非常出色，有很强的分析、理解和沟通协调能力。他所在的产品团队在 2021 年至 2022 年业绩得到了大幅提升。

此外，张先生还是一名具有领导才能和团队精神的好员工。他总是乐于助人，很好相处，与同事的合作非常默契，能够快速达成共识并迅速解决问题。张先生的工作态度也是我们非常欣赏的。他非常有责任心，对产品充满了热情。

作为一名优秀的并正在成长中的产品经理，张先生在未来的职业生涯中可以在技术学习和市场调研方面加强自己，以深入理解消费者需求和市场趋势，更好地实现产品价值。

基于以上的表现，我非常愿意推荐张先生加入贵公司。相信通过进一步的培训和学习，张先生会继续取得新的进步和成就，为贵公司带来更大的贡献。

此致

敬礼

×× 公司产品总监 ×××

2023 年 × 月 × 日

# 四、大作文

【题目解析】

新冠疫情已经成为我们每个人的共同记忆，对所有人的身心造成了深远的影响。同时，新冠疫情也是一次宝贵的机会，让我们体会到国家疫情防控政策和地方疫情防控执行、社会影响和个人努力、意外和机遇、谎言和真实、失去和珍惜的对比。围绕这些点展开，可以写出疫情为我们带来的对时代、对生活甚至对人生意义的思考。

【参考作文】

## 永存希望，努力向上

自 2019 年底以来，全世界经历了一场令人损失惨重的新冠疫情，数百万人因新冠病毒丧生，经济损失和社会问题数不胜数。幸运的是，中国经历了惊心动魄的抗疫之战，成功赢得了主动权，社会生活和经济发展已恢复正常。这也让我体会到，永远要抱有希望，永远要努力拼搏向上。

在疫情初期，武汉新冠感染者激增，一度挤兑医疗系统，悲剧频发，造成多少家庭破灭，仿佛全市按下暂停键，只待疫情吞没所有人。但一方有难八方支援，全国各地医护人员和各界社会人士驰援湖北，为武汉带来生命的希望，武汉终于解除封城，逐渐恢复了活力，现在重新发挥“九省通衢”的作用，笑迎八方来客。武汉封城牺牲自我，全国支援同舟共济，在困难面前，中国人从未放弃，只要努力抗争，就一定能获得生机！

疫情中期，全国多地疫情大爆发，开启了长期封控和常态化核酸检测的时期。曾经不受重视的酒精和口罩早已一抢而空，每天例行的核酸检测和检查健康码成为醒来的第一件事。对每个人而言，新冠疫情不再是“事不关己高高挂起”，而是切实悬在自己头上的达摩克利斯之剑。随之而来的还有社区高价团购的纠纷和志愿者们的争执。此时人性的弱点体现得淋漓尽致。但总有人在困难时期仍努力帮助他人、体谅他人，分享来之不易的食品和药品资源，化解即将激化的人际矛盾，稳定大家岌岌可危的情绪，坚定众人积极抗疫的信念，用自己的光芒去点亮他人心中的光。原本已经渐渐原子化的我们在相互支撑和相互关爱中逐渐体会到了集体的力量，重燃对社会和生活的向往。

全面开放后，我们终于可以回到走遍大好河山、看尽人间悲欢的正常生活节奏里。新冠疫情并没有结束，但是毒性已经大幅降低，不再构成生命威胁。我们终于可以摘下口罩，呼吸一下清新的空气。作为经历过新冠疫情的一代人，我们见证了意外是如何来临的，见证了社会是如何展露缺点的，见证了雪上加霜的裁员、失业等种种痛苦，也同样见证了人们是如何抗争的，见证了社会是如何调整的，见证了雪中送炭的温暖和同情等种种幸福。回首这场没有硝烟的战争，抗疫之战是我们的共同记忆，我会永远记得要用自己的力量与智慧解决所有的问题，带着新冠疫情教会我的事在我的人生道路上走下去。

MTI

# 中山大学
# 研究生入学考试

中山大学 2023 年研究生入学考试试题 ……H2
中山大学 2023 年研究生入学考试试题参考答案 ……H5

# 中山大学 2023 年 研究生 入学考试试题

## 一、单项选择题（共 10 题，每题 2 分，共 20 分）

1. 中山大学广州南校区康乐园是为了纪念谁？

A. 杨雄　B. 孙中山　C. 谢灵运　D. 李鸿章

2. 下列哪一项是广东特色？

A. 昆曲　B. 红船子弟　C. 杨柳青年画　D. 评弹

3. 下列人物谁是非广东籍人？

A. 孙中山　B. 梁启超　C. 黄兴　D. 张九龄

4. 下列哪一个国家不讲西班牙语？

A. 玻利维亚　B. 墨西哥　C. 巴西　D. 阿根廷

5. 下列哪一项不是伊丽莎白二世女王在世期间发生的？

A. 西印度联邦成立　B. 印度独立

C. 香港回归　D. 苏伊士运河战争

6.《桃花扇》中的“桃花扇底送南朝”是指哪一个朝代？

A. 南唐　B. 南宋　C. 南明　D. 南陈

7. 哪一任总统在任期间完成了阿富汗撤军？

A. 奥巴马　B. 小布什　C. 特朗普　D. 拜登

8. 下列哪一句诗词是指春季？

A. 桃之夭夭　B. 蒹葭苍苍

C. 七月流火　D. 雨雪浮浮，见晛曰流。

9. 下列哪一项是苏联时期的作品？

A.《战争与和平》　B.《父与子》

C.《静静的顿河》　D.《樱桃园》

10. 下列哪一项事件发生的时间最晚？

A. 英国玫瑰战争　B. 英法百年战争

C. 第一次鸦片战争　D. 拿破仑一世称帝

## 二、名词解释（10 选 6，每题 5 分，共 30 分，多答不多算分）

1. 克什米尔地区
2. 杂文
3. 狂飙突进运动
4. 三苏
5. 排华运动
6. 碳中和
7. 小提琴协奏曲《梁山伯与祝英台》
8. 美墨战争
9. 杨宪益和戴乃迭
10. 莫高窟

## 三、古诗默写（共 10 题，每题 2 分，共 20 分）

1. 昔我往矣，______________。
2. ______________，她在丛中笑。
3. 长太息以掩涕兮，______________。
4. 呼儿将出换美酒，______________。
5. 人生天地间，______________。
6. ______________，你装饰了别人的梦。
7. ______________，此时无声胜有声。
8. 帘卷西风，______________。
9. 一腔热血勤珍重，______________。
10. 人生自古谁无死，______________。

## 四、应用文写作（40 分）

唐国安，清华大学首任校长，我国著名的教育家、外交家和新闻学家。为纪念这位伟人，广东省珠海市政府投资了 6000 多万元人民币修建了唐国安纪念馆。为缅怀唐国安先生逝世 110 周年，该纪念馆将于 2023 年 8 月 22 日上午 10 点至 12 点在一楼会议厅举办

“唐国安先生逝世 110 周年纪念会”，请据此写一封邀请函，450 字左右。

## 五、现代汉语写作（40 分）

你将要代表广东省珠海市大学生团体在“唐国安先生逝世 110 周年纪念会”上发言，请写一篇缅怀唐国安先生的演讲稿。

# 中山大学2023年研究生入学考试试题参考答案

## 一、单项选择题

1.【答案】C

【解析】中山大学广州南校区康乐园是晋朝时期著名诗人康乐公谢灵运被贬后的居住之地。谢灵运，东晋至刘宋时期大臣、佛学家、旅行家，山水诗派鼻祖。其诗与颜延之齐名，并称“颜谢”。他是第一位全力创作山水诗的诗人，辑有《谢康乐集》。

2.【答案】B

【解析】广东珠三角地区河网密布、纵横交错，粤剧艺人为方便下乡演出，皆以红船作为出行工具。粤剧红船以其重要的功能和醒目的色彩，成为粤剧的象征。“红船子弟”也成为粤剧艺人的代称。

3.【答案】C

【解析】孙中山（中国民主革命的伟大先驱）、梁启超（中国近代著名思想家、政治家，戊戌变法领袖之一）和张九龄（唐代著名宰相，被誉为“岭南第一人”）皆是广东籍。黄兴，湖南人，中国近代民主革命家，中华民国的创建者之一，与孙中山常被时人以“孙黄”并称。

4.【答案】C

【解析】1492年哥伦布到达美洲后，西、葡两国为争夺殖民地、掠夺财富，长期进行战争。为缓和两国日益尖锐的矛盾，罗马教皇出面调解，并于1493年做出仲裁，划定了一条分界线（史称教皇子午线），将拉丁美洲分为西语区（拉美大部分地区）与葡语区（巴西）。

5.【答案】B

【解析】伊丽莎白二世，英国女王、英联邦元首、国会最高首领，是迄今为止英国在位时间最长的君主。其父乔治六世于1936年即位，1952年去世。伊丽莎白二世遂于同年继承王位。1947年，印度结束了英国两百多年的殖民统治，取得了民族独立，建立了主权国家。该事件发生在乔治六世在世期间。

6.【答案】C

【解析】1644年李自成起义军攻占北京，崇祯帝殉国。清兵入关后，京师沦陷。明朝残余势力多逃往南方，并相继建立政权，历时 18 年，史称“南明”。《桃花扇》是清代文学家孔尚任创作的传奇剧本，讲述的正是这段故事，同时揭露了南明政权衰亡的原因。

7.【答案】D

【解析】2021 年 8 月 30 日，美国国防部宣布，已完成从阿富汗撤军行动，这标志着持续了 20 年的阿富汗战争终于结束。小布什的总统任期是 2001 年—2008 年；奥巴马的总统任期是 2008 年—2017 年；特朗普的总统任期是 2017 年—2021 年；拜登，现任美国第 46 任总统，2021 年年初宣誓就任。

8.【答案】A

【解析】“桃之夭夭”意为桃花怒放，指春季；“蒹葭苍苍”意为河边芦苇生长茂盛，参考下半句“白露为霜”可知此处应指秋季；“七月流火”指农历七月天气转凉的时节，故应指秋季；“雨雪浮浮，见岘曰流”意为雪花落下满天飘，一见阳光化水流，故指冬季。

9.【答案】C

【解析】苏联，即苏维埃社会主义共和国联盟，是存在于 1922 至 1991 年的联邦制社会主义国家。《战争与和平》、《父与子》和《樱桃园》均是沙俄时期（1721 年—1917 年）的作品。《静静的顿河》是苏联作家肖洛霍夫创作的长篇小说，出版时间为 1928 年至 1940 年，前后共历时 14 年。

10.【答案】C

【解析】玫瑰战争是兰开斯特家族与约克家族为争夺英格兰王位于 1455 年至 1485 年发起的连续内战。英法百年战争即英、法两国于 1337 至 1453 年百余年间断续进行的战争。第一次鸦片战争是 1840 年至 1842 年英国对中国发起的侵略战争。拿破仑一世于 1804 年加冕称帝，建立了法兰西第一帝国。

## 二、名词解释

1. **克什米尔地区：**克什米尔位于南亚西北部，古印度文明起源地之一，印度教和佛教都在此得到了广泛发展，而后伊斯兰教也传入此地，超过 3/4 的人口为伊斯兰教教徒。克什米尔地区存在主权争议，印度和巴基斯坦两国均宣称对克什米尔全境拥有主权。
2. **杂文：**文学体裁之一。广义上的杂文指除诗歌、戏剧、小说之外无类可归的散文。狭义上的杂文指那些犀利的、具有政治性和文艺性的杂谈、随笔等。杂文能够直接迅速地反映社会生活、文化动态和政治事变，其特点为短小、活泼，内容广泛，样式多样。杂文名家有鲁迅、刘勰等人。
3. **狂飙突进运动：**即 18 世纪 60 年代晚期到 80 年代早期由德国新兴资产阶级城市青年发动的文学解放运动，该运动标志着德国启蒙运动迎来了第一次高潮。这个时期正是古典主义向浪漫主义转变的过渡时期。代表人物为歌德，《少年维特的烦恼》是其代表作品。

4. **三苏：**三苏是对北宋文学家苏洵和他的儿子苏轼、苏辙的合称。父子三人均被列入“唐宋八大家”，皆以文学著作和文学批评见长，在中国文学史、政治史、思想史、史学史、艺术史上影响深远。

5. **排华运动：**指由排斥华工进而排斥所有中国民间人士前往美国的一系列暴力排华事件。该运动于 19 世纪中后期开始，持续近百年。其间，美国制定并通过了《佩奇法案》和《排华法案》。后者是美国第一部也是唯一一部以种族和国籍为由，禁止特定族裔所有成员移民美国的法律，最终于 1943 年正式废除。

6. **碳中和：**是指通过植树造林、节能减排或其他环保形式，将国家、企业或个人在一定时间内直接或间接产生的二氧化碳或温室气体排放总量吸收或抵消，实现二氧化碳的“零排放”。

7. **小提琴协奏曲《梁山伯与祝英台》：**简称《梁祝》。1958 年 4 月，经由我国著名作曲家何占豪、陈钢根据越剧《梁祝》改编而成。乐曲以民间传说梁祝和越剧的唱腔为素材，细腻地描绘了梁祝二人相爱、抗婚并最终化蝶的意境。《梁祝》是中国第一部小提琴协奏曲，被誉为“中国传统音乐和西方音乐完美结合的典范”。

8. **美墨战争：**美墨战争是指美国和墨西哥两国于 1846 年至 1848 年间为争夺领土控制权而爆发的战争。这场战争不仅使墨西哥丧失了大片国土，也改变了美洲的政治格局，促使美国获得了美洲的主宰地位。此外，这场战争还进一步加剧了美国南北方之间的紧张局势，成为美国内战的导火索之一。

9. **杨宪益和戴乃迭：**二人是我国当代著名的翻译家、学者，中外文化交流活动的资深专家，被称为“夫妻翻译家”。二人合作翻译了全本《红楼梦》、全本《儒林外史》等多部中国名著，其译著被欧美多国的国家图书馆收藏，影响深远。

10. **莫高窟：**坐落于甘肃省敦煌市境内，世界文化遗产，与麦积山石窟、云冈石窟、龙门石窟并称为“中国四大石窟”，历史文化价值极高。莫高窟亦是世界上现存规模最大、内容最丰富的佛教艺术地，被誉为“世界佛教艺术圣地”“东方雕塑艺术博物馆”。

## 三、古诗默写

1. 昔我往矣，杨柳依依。（出自《诗经 · 小雅 · 采薇》）
2. 待到山花烂漫时，她在丛中笑。（出自毛泽东《卜算子 · 咏梅》）
3. 长太息以掩涕兮，哀民生之多艰。（出自屈原《离骚》）
4. 呼儿将出换美酒，与尔同销万古愁。（出自李白《将进酒》）
5. 人生天地间，忽如远行客。（出自《青青陵上柏》）
6. 明月装饰了你的窗子，你装饰了别人的梦。（出自卞之琳《断章》）
7. 别有幽愁暗恨生，此时无声胜有声。（出自白居易《琵琶行》）
8. 帘卷西风，人比黄花瘦。（出自李清照《醉花阴 · 薄雾浓云愁永昼》）
9. 一腔热血勤珍重，洒去犹能化碧涛。（出自秋瑾《对酒》）

10. 人生自古谁无死，留取丹心照汗青。（出自文天祥《过零丁洋》）

## 四、应用文写作

【题干解析】

邀请函是党政机关、企事业单位和各种社会团体在举行各种纪念活动、重要会议时常用的应用文样式。邀请函既要表明邀请者的郑重态度，又要表达对被邀请者的尊重，还可作为活动的入场凭证。邀请函通常由标题、称呼、正文、结尾和落款五部分构成。结合题干要求，本文的写作思路如下：

标题：可以直接写“邀请函”，也可加上发文原因，如“唐国安先生逝世 110 周年纪念会邀请函”。

称呼：需顶格写明被邀请的单位或个人。

正文：正文部分需要写出举办活动的目的、内容、时间、地点、方式、邀请原因、邀请对象等。注意，活动各项事宜务必写清楚。为了方便安排活动，还可以注明请对方回复能否应邀参加等内容。

结尾：结尾处可写上礼节性的问候语，如“恳请光临”“致以敬意”等。

落款：在正文右下方写上邀请人或邀请单位的名称，并注上年月日。

【参考作文】

### 唐国安先生逝世 110 周年纪念会邀请函

尊敬的 ××× 先生 / 女士：

8 月 22 日将迎来唐国安先生逝世 110 周年。唐先生是我国近现代著名教育家、新闻家、外交家，他把一生都贡献给了兴办留学教育、发展高等教育事业。唐先生直接参与了清华大学从孕育、诞生、重生再到初具规模的整个过程，为近代中国培养了大量人才。为纪念唐国安先生逝世 110 周年，由广东省珠海市政府组织承办的“唐国安先生逝世 110 周年纪念会”将于 2023 年 8 月 22 日在唐国安纪念馆举办。届时珠海市委书记、广东省多所高等院校、珠海市中小学的师生代表将出席会议。特诚挚邀请您参加本次会议。现将有关事宜通知如下：

一、会议内容

1. 珠海市委书记发表讲话

2. 广东省各高等院校师生代表作主题演讲

3. 珠海市中小学师生代表作主题演讲

二、会议时间

2023 年 8 月 22 日上午 10 点至 12 点

三、报到地点

广东省珠海市唐国安纪念馆一楼会议厅

四、联系方式

地址：广东省珠海市唐国安纪念馆 301 办公室

联系人：×××

联系点：0756–20230822

广东省珠海市唐国安纪念馆

××××年××月××日

## 五、现代汉语写作

【题目解析】

演讲稿是演讲者事先准备的，用于在大会或其他公开场合上发表个人观点、见解和主张的文稿。演讲稿一般分为开头、主体和结尾三部分。

需要注意的是，演讲是一种社会活动，需要以思想、感情和事例来打动听众，且要有可讲性、可演性和鼓动性。演讲稿的开场白尤其重要，个人经历、轶事传闻，甚至具有发散性、出人意料的提问都可以把听众的注意力集中到演讲上来。

此次演讲是为了纪念我国著名教育家唐国安先生逝世 110 周年，听众主要是广东省各高等院校和中小学的师生代表。因此，本文可以将行文重点放在唐先生对中国近代高等教育事业的贡献上。例如，他兴办的留学教育为中国社会各界培养了大量人才；他一改传统教育体制的弊端，大胆引入了先进的西方教育制度；等等。主体部分可以介绍唐国安先生如何力挽狂澜，多次将刚刚建成的清华大学挽救于水火之中，无愧于“清华大学之父”的称号。此外，要注意演讲的节奏，适当地插入幽默、轶事等内容可以调动听众的情绪，使其注意力保持高度集中。

演讲稿的结尾没有固定的格式，通常以鼓动性、号召性的话语收尾，但一定要能给听众留下深刻的印象。

【参考作文】

### 少年的种子

1873 年，一个 15 岁的少年通过层层选拔，被选为清政府第二批留美学童。他告别父母，远渡重洋。抵达美国后，他好学上进。功夫不负有心人，六年后他终于考入了常春藤名校耶鲁大学法律系。求学期间，他还经常把清政府拨给自己的零用钱寄给远在大洋彼岸的父母，孝亲美名传遍乡里。不幸的是，清政府于 1881 年中断了“幼童留美计划”，他和同学们只能抱憾归国。长达八年的海外求学之旅让这位少年接受到了当时先进的西方教育思想，他深刻意识到教育对一个国家何其重要。一颗种子开始在这位少年心中萌芽，他立志要献身于我国的高等教育事业。

这位少年是谁呢？他心中的那颗种子又如何了？

他就是我国伟大的教育家、“清华大学之父”——唐国安先生。唐先生的美名遍布四海，他的事迹广为人知。今天，为了纪念唐先生逝世110周年，我们齐聚于此，再次讲述百年前唐先生的伟大事迹。

1911年辛亥革命爆发，时局动荡不安，全国陷入了一片混乱之中。刚刚建成的清华学堂被迫停课。领导离职，学生离校，清华学堂眼看着就要解散。值此危急存亡之秋，时任会办的唐先生力挽狂澜，救清华学堂于水火之中。他先是派人购买枪支弹药，扩充了校警队伍，维护了学校的治安环境。之后，他又呼吁外交部、教育部改革清华学堂的教育体制，并同时从多个银行贷款，呼吁财政部催收美国欠下的二十万两白银。功夫不负有心人，唐先生的努力得到了回报。北洋政府接受了他的改革方案。清华学堂自此采用西学体制和校长负责制。1912年10月17日，改清华学堂为清华学校，唐国安担任第一任校长。

在他任职的短短两年零四个月期间，他为清华大学打下了坚实的基础。建校初期，北洋政府经常拖欠办学经费，袁世凯甚至还挪用庚子赔款用于军队花销。唐先生见况多次找到教育部，强调教育经费万万不得挪为他用。学校的财政危机终于解除。唐先生劳苦奔波，身体状态每况愈下。1913年8月，唐国安先生在清华园逝世，他也是清华历史上第一个死于任上的校长，真可谓是“鞠躬尽瘁，死而后已”。

唐先生在管理清华学堂期间，总共派送了三批留学生。他本人可能都没有想到，三批留学生中竟然走出了民国社会的各界精英和学术泰斗。清华校长梅贻琦、北大校长蒋梦麟、学术大师胡适……这些人都称自己是唐先生的弟子，足以见得唐先生在学生心中的分量。

多年后，少年心中的种子终于得以破土、出芽、茁壮成长。彼时刚刚建成的清华学堂于唐先生而言，就是那颗破土而出的种子。他悉心呵护着它，为它培土施肥。今日的清华已是顶尖学府，为中国培养了数不清的人才。少年的种子终于结出了丰硕的果实。

“少年强则国强，少年智则国智，少年进步则国进步！”百年前，梁任公先生喊出了对青年人的期望。当下，我们背负着中华民族伟大复兴的历史使命，承载着亿万人民的希望。同学们，“莫等闲，白了少年头”。让我们行动起来，用青春、用汗水浇灌祖国明日的辉煌，吾辈当自强！

MTI

# 暨南大学
# 研究生入学考试

暨南大学 2022 年研究生入学考试试题 …… I2
暨南大学 2022 年研究生入学考试试题参考答案 …… I7
暨南大学 2021 年研究生入学考试试题 …… I14
暨南大学 2021 年研究生入学考试试题参考答案 …… I19

# 暨南大学 2022 年
# 研究生
# 入学考试试题

## 一、单项选择题：从四个选项中选择正确的一项（25 题，每题 1 分，共 25 分）

1.“世界环境日”是在每年的哪一天？

A. 6 月 5 日　　B. 7 月 5 日　　C. 8 月 5 日　　D. 9 月 5 日

2. 君主专制中央集权是中国古代政治制度的重要特点，最早在哪个朝代确立？

A. 周朝　　B. 秦朝　　C. 汉朝　　D. 唐朝

3. 有人这样描述一位航海家：“他把欧洲强盗带到了美洲，掠夺了美洲财富，是一个恶魔，但他‘发现’了新大陆，使落后的美洲走向文明，同时也是一个功臣。”这里的“他”：

A. 曾到达了非洲最南端的“好望角”

B. 向东航行后横渡印度洋到达印度

C. 坚信地圆学说并三次横渡大西洋

D. 完成了人类史上第一次环球航行

4. 法国著名昆虫学家、动物行为学家、生物学家、科普作家让·亨利·卡西米尔·法布尔，被世人称为“昆虫界的荷马”“昆虫界的______”。

A. 维吉尔　　B. 修昔底德　　C. 托尔斯泰　　D. 柏拉图

5. 下列词语中，有错别字的一项是______。

A. 啜泣　喑哑　齐心协力　迥乎不同

B. 撺掇　崔巍　歇斯底里　销声匿迹

C. 悲怆　睥睨　粗制滥造　味同嚼腊

D. 禁锢　帷幕　吹毛求疵　通宵达旦

6. 下列词语中，粗体字的读音都相同的一项是______。

A. **和**煦 / 酬**和**　　**诓**骗 / 热泪盈**眶**

B. 遗**骸** / 惊**骇**　　拜**谒** / **竭**尽全力

C. **狩**猎 / 墨**守**成规　　归**省** / 不**省**人事

D. 喷**薄** / 厚积**薄**发　　**殚**精竭虑 / **箪**食壶浆

7. 下列句子表达有误的一项是______。

A. 习近平主席在“一带一路”高峰论坛上强调，“一带一路”建设不是另起炉灶推倒重来，而是实现战略对接、优势互补。

B. 古诗是中华民族文化中的瑰宝，它短小精悍，字不虚设但言简义丰，意境深美。

C.“二十四节气”被国际气象界誉为“中国第五大发明”。在中国北方，很多农村居民可能不知道一些现代节日，但是对于“二十四节气”却耳熟能详。

D. 2019 年度淄博市青少年“中国达人”挑战赛决赛在张店区举行，比赛内容涵盖中华传统哲学、史学、文学、服饰、饮食、建筑等多个方面，可谓琳琅满目。

8. 下列句子中，没有语病的一项是______。

A.“大国工匠年度人物”评选活动自 2018 年 6 月启动以来，全国各地工会、社会各界人士和广大职工广泛参与、积极响应。

B. 大学生要提升文学素养，养成爱读书，尤其是读经典名著，让书香浸润心灵。

C. 从中国的简帛、埃及的莎草纸、欧洲的羊皮卷到今天的电子屏，人类的阅读载体不断演进，但人们对阅读的热爱、对精神世界的守望却从未改变。

D. 善待自然就是善待自己，自然生态环境保护得好决定着灾害发生时损失的大小。

9. ______被后人推崇为我国养蚕取丝的创始人。

A. 黄帝　B. 尧帝　C. 仓颉　D. 嫘祖

10. 以下故事情节都出自中国古典名著《水浒传》，哪个情节与鲁智深无关？

A. 火烧草料场　B. 大闹野猪林

C. 倒拔垂杨柳　D. 拳打镇关西

11. 下面哪个国家号称“骑在羊背上的国家”？

A. 新西兰　B. 澳大利亚　C. 荷兰　D. 阿根廷

12. 以下哪部作品不是莎士比亚四大悲剧之一？

A.《哈姆雷特》　B.《奥赛罗》

C.《第十二夜》　D.《麦克白》

13. 中国女科学家屠呦呦因为哪一项研究而获得 2015 年诺贝尔医学奖？

A. 牛胰岛素结晶　B. 抗生素青霉素

C. 抗疟新药青蒿素　D. 麻风病疫苗

14. 森林与海洋还有______并称为地球最重要的三大生态系统。

A. 湿地　B. 草原　C. 湖泊　D. 沼泽

15. 在我国古代所说的一个时辰相当于现在几个小时？

A. 1 小时　B. 2 小时　C. 3 小时　D. 4 小时

16. 我国的根本政治制度是______。

A. 人民代表大会制度　B. 人民民主专政制度

C. 社会主义制度　D. 全民所有制

17. 宏观经济学的中心理论是______。

A. 价格决定理论　B. 薪水决定理论

C. 国民收入决定理论　D. 汇率决定理论

18. 20 世纪 90 年代初，三位日本及日裔美国科学家制造出高效蓝光二极管即 LED 灯，从根本上改变了人类照明技术。2014 年，瑞典皇家科学院将 2014 年诺贝尔物理学奖授予这三位科学家。以下哪一位诺贝尔物理学奖获得者不在这一年的获奖者之列？

A. 赤崎勇　　B. 真锅淑郎　　C. 中村修二　　D. 天野浩

19. 以小说《伊豆的舞女》（1926）、《雪国》（1948）、《古都》（1962）等著称的日本作家______，因“以非凡的敏锐表现了日本人的精神特质”，夺得了 1968 年诺贝尔文学奖。获奖词是“由于他高超的叙事性作品以非凡的敏锐表现了日本人的精神特质”。

A. 夏目漱石　　B. 村上春树　　C. 大江健三郎　　D. 川端康成

20. 以下哪一项不是日本人发明的？

A. 电饭煲　　B. 卡拉 OK　　C. 复印机　　D. 全自动麻将机

21. 在国民收入核算体系中，测定一定时期所有最终产品和劳务的最后货币量的是______。

A. 国民收入　　B. 可支配收入总和

C. 国民生产净值　　D. 国内生产总值

22. 建筑是一个民族传统文化的缩影。建于公元 1 世纪，是柱式建筑与拱门建筑结合的典范之作，这一建筑是______。

A. 帕特农神庙　　B. 罗马竞技场　　C. 麦加清真寺　　D. 巴黎圣母院

23. 先秦时代，教育内容以“六艺”为主，下列不属于“六艺”的是______。

A. 射　　B. 御　　C. 礼　　D. 武

24. ______是波兰著名钢琴家、作曲家，在钢琴演奏方面自成风格，以委婉如歌、精致典雅为特征，素有“钢琴诗人”之称；在作曲方面，他大胆革新，有独创性，丰富了旋律、节奏、和声、衬腔复调音乐，使波兰音乐提高到欧洲音乐艺术最高水平。

A. 贝多芬　　B. 舒伯特　　C. 莫扎特　　D. 肖邦

25. 马斯洛将人类的需求由低到高依次分为五个不同的层次，其中最高的层次是______。

A. 受尊敬的需要，包括地位、荣誉和财富等

B. 社会需要，包括人际交往

C. 自我实现的需要，包括获得成就和实现理想

D. 安全需要，包括生命、职业和财产的安全及保障

## 二、名词解释题：简要解释下列文章片段中划线部分的名词与术语（25 分）

西方哲学批量涌入中国造成思想史上难得一见的景观：无论哪个时代的西方哲学，对于中国全都具有当代性。当然，中国会按照西方时间表对西方哲学进行排序，但在中国时间表里，从希腊、中世纪、<u>文艺复兴</u>、启蒙运动、现代或后现代乃至当代的西方哲学，全都具有中国当地时间的当代性。在中国时间里，西方时间性被压缩成空间性，被压平的西

方时间呈现为一个从丰富到拥挤的思想空间，于是形成所有西方思想都被赋予当代性而成为平行选项的奇观。

西方思想两次涌入中国，一次是晚清到 20 世纪 30 年代，另一次是 20 世纪 80 年代到今天。批量涌入意味着西方长时间积累的思想同时到达中国，于是具有同时到港的当代性，对于中国都同样具有取经价值。以第二次批量涌入为例，其中虽有部分西方思想在第一次涌入时曾经到达，却在中断后卷土重来而再次具有新意。从希腊哲学到康德和黑格尔，从法兰克福学派到结构主义和存在主义，从古典自由主义到保守主义，从尼采到海德格尔，从现象学到解释学，从维特根斯坦到分析哲学和科学哲学，在 80 年代同时涌入，接着在 90 年代又涌入后现代主义、后殖民主义、新自由主义、社群主义、激进左派、福柯、德里达、哈贝马斯和罗尔斯等。到 2000 年后，西方思想就几乎现场同步涌入中国了。80—90 年代涌入的西方思想跨度极大，几乎是整个西方哲学史。这个时间变空间的奇观形成了应有尽有的思想市场。

柏拉图、亚里士多德、康德、黑格尔、海德格尔等经典理论因地位重要而有着持久的吸引力，但并非所有经典都得到平等重视，其中可见中国偏好。马克思、康德、尼采、海德格尔和罗尔斯获得了最为持久而广泛的支持，但也有阶段性热点，近十多年来的新热点是法式哲学（不限于法国），然而怀疑论、英国哲学、分析哲学、休谟和维特根斯坦则一直被相对冷遇，尤其是分析哲学，与儒家和玄学传统大相径庭，素为中国学者所不喜。

1. 文艺复兴
2. 结构主义
3. 后现代主义
4. 柏拉图
5. 儒家

## 三、应用文写作（40 分）

孔子曾说："见义不为，无勇也。"但孔子又说："君子有三畏：畏天命，畏大人，畏圣人之言，小人不知天命而不畏也，狎大人，侮圣人之言。"

请你以"勇与畏"为题，写一篇短评，阐述"维护正义之勇"与"敬畏自然法则"之间的关系。要求观点明确、论证充分、说理透辟。字数在 400—500 字。

## 四、现代汉语写作（60 分）

阅读以下材料后作文。

1. 孟子曰："孔子登东山而小鲁，登泰山而小天下。故观于海者难为水，游于圣人之门者难为言。观水有术，必观其澜。日月有明，容光必照焉。流水之为物也，不盈科不行；君子之志于道也，不成章不达。"

——《孟子 · 尽心上》

2. 愿中国青年都摆脱冷气，只是向上走。……此后如竟没有炬火：我便是唯一的光。倘若有了炬火，出了太阳，我们自然心悦诚服的消失，不但毫无不平，而且还要随喜赞美这炬火或太阳；因为他照了人类，连我都在内。

……

尼采说："真的，人是一个浊流。应该是海了，能容这浊流使他干净。"

"咄，我教你们超人：这便是海，在他这里，能容下你们的大侮蔑。"（《札拉图如是说》的《序言》第三节）

——鲁迅《热风 · 随感录四十一》

请根据以上阅读材料，以"日月有明，容光必照"为题作文，体裁不限，议论、抒情、叙事均可。要求思路开阔、视角独特、语言流畅自然（字数：1000~1200）。

# 暨南大学 2022 年
# 研究生入学考试试题
# 参考答案

## 一、单项选择题

1.【答案】A

【解析】20 世纪 60 年代以来，世界环境危机日益严峻，环境问题和环境保护逐渐为国际社会所关注。1972 年 6 月 5 日联合国在瑞典首都斯德哥尔摩召开了“联合国人类环境会议”，会议通过了《人类环境宣言》，并提出将每年的 6 月 5 日定为“世界环境日”。

2.【答案】B

【解析】战国时期法家代表人物韩非子继承总结了法家的思想和实践，提出了一套完整的中央集权政治理论。秦始皇依据韩非子的政治理论，建立起了一套完整的君主专制中央集权制度，奠定了此后中国两千多年君主专制中央集权国家政治体制的基本模式。

3.【答案】C

【解析】1942 年，哥伦布首次横渡大西洋，到达了美洲的古巴、海地等地，“发现”了美洲大陆。地理大发现之后，欧洲殖民者对美洲开始了数百年的殖民掠夺，给美洲人民带来了深重灾难。哥伦布坚信地圆学说，一生三渡大西洋，他坚信向西航行便可以到达马可·波罗笔下的中国。

4.【答案】A

【解析】《昆虫记》是法国昆虫学家、文学家法布尔创作的长篇生物学著作。法布尔将毕生从事昆虫研究的成果和经历用散文的方式记录了下来，表现了其高超的文学表达能力，他被誉为“昆虫界的维吉尔”。维吉尔是古罗马著名诗人，此处应指法布尔在文学上的造诣。

5.【答案】C

【解析】味同嚼蜡，字面意思是像吃蜡一样，没有一点儿味道，形容语言或文章枯燥无味。

6.【答案】D

【解析】和（hé）煦 / 酬和（hè），（kuāng）诓骗 / 热泪盈眶（kuàng）；遗骸（hái）/ 惊骇（hài），拜谒（yè）/ 竭（jié）尽全力；狩（shòu）猎 / 墨守（shǒu）成规，归省（xǐng）/ 不省（xǐng）人事；喷薄（bó）/ 厚积薄（bó）发，殚（dān）精竭虑 / 箪（dān）食壶浆。

7.【答案】D

【解析】琳琅满目比喻各种美好的东西很多（多指书籍或工艺品），此处适用对象错误，故 D 项为答案。

8.【答案】C

【解析】A 项语序颠倒，“广泛参与”与“积极响应”应调换位置；B 项句子成分残缺，缺少宾语中心语，应在“读书”后加上“的习惯”；D 项前后不一致，“保护得好”仅包含一个方面，“损失的大小”则包含两个方面。故 C 项为答案。

9.【答案】D

【解析】嫘祖是中国史前社会传说中的人物，与炎黄二帝生活在同一时代。她教民植桑养蚕、缫丝制衣，为中国古代蚕桑丝绸业的产生和推广做出了巨大努力，有力地推动了我国古代文明的发展，被后人奉为“先蚕圣母”“华夏之母”。

10.【答案】A

【解析】《水浒传》第十回中，林冲刺配沧州后，被分配看守草料场。但高太尉并未打算放过林冲，派陆谦、富安来到沧州陷害林冲。陆富二人勾结差拨，在一个风雪交加的夜晚放火烧了草料场。

11.【答案】B

【解析】澳大利亚幅员辽阔，天然草场占国土总面积的一半左右，适宜大面积发展草地畜牧养殖业。该国也是世界上绵羊数量最多、出口羊毛最多的国家，被称为“骑在羊背上的国家”。

12.【答案】C

【解析】莎士比亚四大悲剧分别为《哈姆雷特》《奥赛罗》《李尔王》《麦克白》。《第十二夜》是莎士比亚现实主义喜剧的代表作品，也是其早期戏剧创作的终结之作。该作品以浪漫喜剧的形式讴歌了人文主义对爱情和友谊的美好理想。

13.【答案】C

【解析】2015 年 10 月 5 日，中国中医科学院终身研究员兼首席研究员、药学家、药物化学家屠呦呦以创制新型抗疟药物——青蒿素及其首个衍生物双氢青蒿素而赢得当年诺贝尔生理学或医学奖。这是中国医学界的历史性突破。

14.【答案】A

【解析】地球三大生态系统是指湿地、森林和海洋。湿地是人类重要的资源之一，具有涵养水源、防止水土流失和调节气候、净化环境等功能，被誉为“地球之肾”。湿地也是许多珍稀濒危动植物赖以生存的家园，是天然的“物种基因库”，具有极高的科学和经济价值。

15.【答案】B

【解析】时辰是中国古代计时方法。古人将一昼夜分为十二等分，每一等分称为一个时辰。一个时辰相当于现在的 2 个小时。时辰不用数字表示，而是使用十二地支（即子、丑、寅、卯、辰、巳、午、未、申、酉、戌、亥）分别代表十二个时辰。

16.【答案】A

【解析】人民代表大会制度是我国的根本政治制度，是我国人民当家作主的根本途径和最高实现形式，是中国共产党在国家政权中充分发扬民主、贯彻群众路线的最好实现形式，是坚持党的领导、人民当家作主、依法治国有机统一的重要制度载体，是中国特色社会主义制度的重要组成部分。

17.【答案】C

【解析】宏观经济学是从现代西方经济理论中分离出来的以研究资源利用问题为核心的学科。宏观经济学以整个国民经济活动为考察对象，运用总量分析方法，研究社会总体经济问题以及相应的经济变量。其中，国民收入是关键变量，国民收入决定理论是其核心内容。

18.【答案】B

【解析】2014 年诺贝尔物理学奖揭晓，三名日本及日裔美国科学家赤崎勇、天野浩、中村修二获奖，以表彰他们发明了高效的蓝色发光二极管（LED），让明亮且节能的白色光源成为可能。真锅淑郎获得了 2021 年诺贝尔物理学奖。

19.【答案】D

【解析】川端康成，日本文学界的“泰山北斗”，首位获得诺贝尔文学奖的日本作家。川端康成受日本古典文学、禅宗思想以及“物哀”文学理念影响很深。作品优美、风雅、幽玄而虚幻，体现了他对唯美主义的执着追求。

20.【答案】C

【解析】切斯特·卡尔森，美国工程师、发明家，复印机的发明人。1938 年，卡尔森正式申请了静电复印术的专利，直到 1950 年，第一台复印机“施乐静电复印机”才开始投放市场。

21.【答案】D

【解析】国内生产总值是指一定时期内（一季度或一年）一个区域的经济活动所生产出的全部最终成果（包括产品和劳务）的市场价值。国内生产总值是国民收入核算体系的核心指标，是衡量一个国家或地区经济状况和发展水平的重要指标。

22.【答案】B

【解析】罗马竞技场即角斗场，为古罗马的象征。建于公元 72—79 年，高达四层，下三层每一层都有 80 个拱洞。拱门有伪柱式和各种雕像，既美观又可减轻压力。立面各层均使用了券柱式的装饰。

23.【答案】D

【解析】“六艺”是周朝贵族教育体系中的六种技能，最早见于《周礼》，包括礼（礼仪）、乐（乐律）、射（射箭）、御（驾车）、书（读写）、数（算术）。六艺在我国教育史上，特别是在两周时期，占据着不可替代的地位。

24.【答案】D

【解析】肖邦，波兰作曲家、钢琴家，历史上最具影响力和最受欢迎的钢琴作曲家之一，波兰音乐史上最重要的人物，19 世纪欧洲浪漫主义音乐的代表人物。其作品以波兰民间歌舞为基础，同时又多以钢琴曲为主，被誉为“浪漫主义钢琴诗人”。

25.【答案】C

【解析】美国心理学家亚伯拉罕·马斯洛于 1943 年在《人类激励理论》一书中提出“马斯洛需求层次理论”。书中将人类需求以金字塔的形式由低到高依次分为生理需求、安全需求、社交需求（也称为感情需求）、尊重需求和自我实现需求。

## 二、名词解释题

1. **文艺复兴：** 文艺复兴是近代资本主义兴起过程中的一次重要的思想解放运动，是西欧从中世纪向近代社会过渡的一个时代。起源于 14 世纪的意大利，一直持续到 17 世纪初。文艺复兴搜集整理了大量古希腊、古罗马文献，挖掘了它们的文化价值，通常被视为对希腊罗马古典文化的复兴。但其实质仍是人文主义运动，核心思想是人文主义。人们开始重视人、肯定人、强调人在社会中的作用和地位，摒弃中世纪所推崇的禁欲主义和经院哲学，将兴趣转向了世俗生活。这促使文学、艺术等人文领域涌现出了一批杰出人物，例如但丁、达·芬奇、莎士比亚等。自然科学和哲学等领域也在这一时期蓬勃发展。
2. **结构主义：** 结构主义是 20 世纪 60 年代兴起于法国的一次哲学思潮，由瑞士语言学家索绪尔创立。作为 20 世纪影响重大的人文变革思潮之一，结构主义逐渐取代存在主义，成为 20 世纪下半叶至 21 世纪最常用来分析语言、文化与社会的研究方法之一。结构主义不是传统意义上的哲学学说，而是人文社科领域共同应用的一种研究方法，其目的是试图使人文社科也能像自然科学一样达到精确化、科学化的水平。结构主义认为，一切现象（包括社会现象、文学艺术等）都有一种根据结构性原理而组成的内在结构，在理解现象的过程中应该揭示这种内在结构及其关系。结构主义具有三大特点，即整体性、规律性（转换性）和自身调整性。
3. **后现代主义：** 后现代主义是一种文化艺术表现形式和思想文化潮流，源于现代主义但又与现代主义相对。它所涉及的领域非常广泛，如建筑、哲学、文学、传媒、艺术等，同时也表现出了与其他学科相结合的趋向，如后现代社会学、后现代伦理学等。后现代主义反对正统和权威，反对绝对化和简单化，力图铲除社会文化中的话语暴政。他们提倡关注边缘群体，强调个人主义、多元性、批判性、超越主义、非中心理论等。其代表人物主要有理查德·罗蒂、雅克·德里达等。
4. **柏拉图：** 古希腊伟大的哲学家、政治家、教育家和诗人，西方美学和诗学的开创者和奠基人，古希腊文化的巨擘，与苏格拉底和亚里士多德并称为“希腊三贤”。他的思想标志着希腊古典哲学进入到体系化的鼎盛阶段，他创造并发展了柏拉图思想、柏拉图主义、柏拉图式爱情等。柏拉图的主要作品为对话录，《理想国》是其代表作品，其中“洞穴之喻”生动形象地阐释了人通过教育而获得启蒙的过程，对后来的政治、教育理论影响深远。
5. **儒家：** 又称儒学、儒教等，起源于中国并影响了东亚文化圈的主流文化思想、哲学和宗教体系。儒家是先秦诸子百家之一，公元前 5 世纪由孔子创立，经孟子发展、荀子集其大成，为历代儒客遵从。儒家脱胎于周朝的礼乐制度，最初指冠婚丧祭时的司仪，自春秋起指由孔子创立后逐渐发展为以“仁”为核心的思想体系。西汉以后，汉武帝

“罢黜百家、独尊儒术”，儒学逐渐走上历史舞台，成为在封建社会占主要统治地位的学派，是中国古代最有影响的思想学派。儒家主要重视五伦和家族伦理，提倡教化和仁政，抨击暴政。主要代表人物有孔子、孟子、荀子、朱子等。

## 三、应用文写作

【题目解析】

短评是一种评论体裁，因篇幅短小而得名。短评相对于长篇评论而言，一般只就一个范围较小的问题展开论述，发表自己的观点或看法。短评不要求深入细致，但是要求观点新鲜独到，能够分析扼要、发人深省。短评亦可以分为时事短评、新闻短评、文艺短评等。在发表时有署名与不署名两种。

“勇与畏”属于二元关系型写作。写作时需要首先分析“勇与畏”之间的关系。从材料引用的言论中可以看出，勇与畏并不是二元对立的，而是对立统一的。我们应该有所“畏”、有所“勇”。面对正义之事要挺身而出，但同时又要有所敬畏。这二者是相互依存、相辅相成的。

【参考作文】

### 勇与畏

近百年来科技突飞猛进，人类越发肆无忌惮地啃食着自然母亲的血肉，毫无畏惧地索取着。人类活动也以前所未有之势侵蚀着自然。然而，这一切都只是在自掘坟墓。近些年来，环境危机日益凸显，人类终于迎来了自食恶果的那一天。全球气候异常、海平面上升、土壤沙化盐碱化、大量物种濒临灭绝……人类亲手毁掉了赖以生存的家园。

这份“开拓进取”的精神不是勇，而是不加思考的莽撞。勇是行正义之事时的果敢、不推脱，是思考过后的慎重之举。人类破坏自然称不上正义，无视自然法则导致自身生存受到严重威胁，同样也算不上慎重之举。

孔子曾言“君子有三畏：畏天命，畏大人，畏圣人之言”。可见，有德行之人应当首先学会敬畏天命，即自然法则。我们生于斯，长于斯，却又对它的规则毫不敬畏，难怪会如此狼狈不堪。

好在多数人已经意识到了这个问题，开始正视勇与畏之间的关系。勇与畏绝不是两相对立的，而是对立统一的。在面对欺压、不公、暴力等公然破坏正义之事，我们要挺身而出，去谴责那些恶行。同时，我们也要对自然怀有敬畏之心，尊重自然法则，顺应自然规律。但“畏”也不意味着退缩，而是充分发挥自身能动性，在尊重自然规律的前提下把自然“改造”得更加宜居。

## 四、现代汉语写作

【题目解析】

古语“孔子登东山而小鲁，登泰山而小天下”，出自《孟子·尽心上》，意为孔子登上东山后，便觉得鲁国变小了，登上泰山后，便觉得天下都变小了。习近平主席2018年在上海合作组织成员国元首理事会第十八次会议上，也曾说道：“孔子登东山而小鲁，登泰山而小天下。”习主席这里的意思是面对世界大发展大变革大调整的新形势，为更好推进人类文明进步事业，我们必须登高望远，正确认识和把握世界大势与时代潮流。关于本题，我们可以从当代青年要立大志、踏实志出发，从树立远大理想和脚踏实地两个方面分别举例论证，一步一个脚印，方能实现人生价值。

【参考作文】

### 日月有明，容光必照

“立志而圣则圣矣，立志而贤则贤矣，”习近平总书记在纪念五四运动100周年大会上如是说。距离1919年巴黎和会已经过去了一百多年，而巴黎和会唤起的民族觉醒，五四运动迸发出的不畏艰辛、不屈不挠、勇往直前的精神，永世流传。

青年的理想信念关乎国家未来，新时代中国青年要树立远大理想。青年理想远大、信念坚定，是一个国家、一个民族无坚不摧的前进动力。青年志存高远，就能激发奋进潜力，青春岁月就不会像无舵之舟漂泊不定。正所谓，青年的人生目标会有不同，职业选择也有差异，但只有把自己的小我融入祖国的大我、人民的大我之中，与时代同步伐、与人民共命运，才能更好地实现人生价值、升华人生境界。离开了祖国需要、人民利益，任何孤芳自赏都会陷入越走越窄的狭小天地。

早在百多年前，李大钊同志就为青年勾勒了方向：要“为世界进文明，为人类造幸福，以青春之我，创建青春之家庭，青春之国家，青春之民族，青春之人类，青春之地球，青春之宇宙，资以乐其无涯之生”。当代青年更要如此，铭记历史、不忘初心，树立远大理想并将其化为现实，在乘风破浪、接续奋斗中圆梦复兴，为中华民族和人类命运共同体的未来贡献出青年力量。

青年立志必须立长志。人们常说“常立志不如立长志”，一个人常立志只能说明这个人意志不够坚定，没有恒心、没有毅力，做事总是半途而废，而立长志则截然不同，将理想和信念常挂心间，时刻提醒自己的使命和担当，方可走向最终的成功。“志不立，天下无可成之事。”为什么中国革命能成功？奥秘就是革命理想高于天，在最困难的时候坚持下去，这样才能不断取得奇迹般的胜利。周恩来同志“为中华之崛起而读书”，青年时代立下的宏伟志向始终贯穿于为国家和民族奋斗终生的人生历程中，见证着新中国的春和景明、风和日丽。袁隆平院士少年时期就立志“要让全国人民吃饱饭”，呕心沥血、废寝忘食，终于研究出杂交水稻，让数亿人民免于饥馑。周总理和袁爷爷从小就立大志、立长志，将个人志向同国家命运紧紧相连，终其一生以此为目标，永不懈怠，躬身实践，终成大事，为国家和人民铭记。

青年立志必须踏实志。“纸上得来终觉浅，绝知此事要躬行。”理想信念要开花唯有脚踏实地，躬身实践。广大青年要扎扎实实干事，踏踏实实做人，把自己的小我融入祖国的大我、人民的大我之中，让理想信念在青春中开出绚丽之花，开创辉煌未来。青年习近平在梁家河的七年知青岁月，不是惶惶终日，而是利用零碎的时间大量阅读各类书籍，同时深入社会实践，带领村民去往四川农村学习沼气技术，回到梁家河后又带领乡亲们办沼气、修大坝、办铁社等。怀抱梦想又脚踏实地，青年习近平最终完成了理论上的准备和实践上的磨炼。习近平总书记用自己的亲身经历向当代青年诉说了脚踏实地梦想必现。

“耳闻之不如目见之，目见之不如足践之。”对于新时代的新青年来说，知于学，成于行，是颠扑不灭的真理。新时代中国青年应敢于追梦、勇于试错，在生命力最旺盛的日子里，学理论知识、重实践行动、讲高效合作，只有求知和实践的结合，才是新时代中国青年的应有之姿。

# 暨南大学2021年研究生入学考试试题

## 一、单项选择题：从四个选项中选择正确的一项（25题，每题1分，共25分）

1. 在中国现代文坛上，以诗歌创作为主的作家是（　　）。

A. 巴金　　B. 艾青　　C. 郁达夫　　D. 朱自清

2. “中国旧式士子出而问世必须具备的四个条件：一团和气，两句歪诗，三斤黄酒，四季衣裳。”出自哪一位现代作家的作品？（　　）

A. 周作人　　B. 老舍　　C. 钱锺书　　D. 梁实秋

3.《史记》是中国第一部纪传体通史，共130卷，全书包括（　　）五大部分。

A. 西周、表、书、世家和列传

B. 本纪、表、书、世家和列传

C. 本纪、表、春秋、世家和列传

D. 西周、表、书、春秋和列传

4. 下列各句中，没有语病的一句是（　　）。

A. 青藏铁路纵贯青海、西藏两省区，是连接西藏与内地的一条具有重要战略意义的铁路干线。

B. 这家老字号食品厂生产的食品一直都是新老顾客备受信赖的。

C. 天安门广场等七个红色旅游景点是否收门票的问题，国家旅游局新闻发言人已在记者招待会上予以否认。

D. 中央财政将逐年扩大向义务教育阶段家庭经济困难的学生免费提供教科书。

5. “执子之手，与子偕老”的出处是以下哪部典籍？（　　）

A.《诗经》　　B.《论语》　　C.《楚辞》　　D.《庄子》

6. 唐三彩是我国唐代兴起的釉色陶器，其釉色以（　　）为主。

A. 红、蓝、黑　　B. 黄、绿、蓝　　C. 红、绿、白　　D. 黄、绿、白

7.“少妇今春意，良人昨夜情。”属于汉语特殊表现手段的哪一种？（　　）

A. 对偶　　B. 叠景　　C. 联边　　D. 重言

8.“同心之言，其臭如兰”句中“臭”的意思是（　　）。

A. 气味　　B. 臭味　　C. 闻味　　D. 香味

9.“公子怒，染指于鼎，尝之而出”，“染指”的意思是（　　）。

A. 手伸到鼎中去染色　　B. 用鼎中的热水洗手

C. 用手在热水中蘸了蘸　　D. 用手指着鼎

10. 现代乒乓球运动以（　　）为一局。

A. 21 分　　B. 25 分　　C. 11 分　　D. 20 分

11. 我国医疗卫生机构分为三级（一、二、三级）、二等（甲、乙等），其中（　　）最高。

A. 一级甲等　　B. 一级乙等　　C. 三级甲等　　D. 三级乙等

12. 下列中（　　）不属于西方世界四大通讯社之一。

A. 塔斯社　　B. 法新社　　C. 美联社　　D. 路透社

13. 索尼公司创始人之一是（　　）。

A. 松下幸之助　　B. 稻盛和夫　　C. 盛田昭夫　　D. 本田宗一郎

14. 英国的传播媒介比较丰富，其中每周评论是英国出版业的重要组成部分，（　　）是历史最悠久的周刊。

A.《观察家》　　B.《每周新闻》　　C.《旁观者》　　D.《读者文摘》

15. 英国首都伦敦的地铁是世界上最早的地铁，它建成于（　　）。

A. 1863 年　　B. 1873 年　　C. 1864 年　　D. 1874 年

16. 度量衡是我国古代使用的计量单位，其中“衡”是指（　　）方面的标准。

A. 长度　　B. 面积　　C. 体积　　D. 重量

17. 拥有世界上最快的火车的国家是（　　）。

A. 中国　　B. 法国　　C. 日本　　D. 德国

18. 下列说法正确的是（　　）。

A. 常温下即能进行的反应一定是放热反应。

B. 化学反应限度大，该反应的速率也大。

C. 在相同条件下，分子分裂为原子所吸收的能量与相应原子结合成分子所放出的能量相等。

D. 化石燃料的开采与使用，有利于节能减排与环境保护。

19. 村民委员会和居民委员会的性质是（　　）。

A. 基层行政机关

B. 基层政权机关的派出机关

C. 基层群众性自治组织

D. 基层群众性组织

20.“政府的主要作用是掌舵，而不是划桨”这一说法是指（　　）。

A. 政府应该强化集权

B. 政府的主要作用是决策，而不是执行

C. 政府应该加强自身组织的建设

D. 政府应该成为现代社会的导航员

21. 下列不属于县市级以上行政机关政务公开内容的是（　　）。

A. 主要领导成员的履历、分工

B. 政府以监管为目的对监管对象调查的信息

C. 在制定发展战略、规划、政策过程中形成的记录、报告、咨询意见等

D. 政务公开服务机构的名称、办公地址、办公时间以及联系方式

22. 公务员在涉外活动中，要特别注意国际礼仪。以下不符合国际礼仪的是（　　）。

A. 一起乘坐电梯及上车时，请女士先行

B. 闲谈时询问美国客人前一段得了什么病

C. 接待来访的外国客人时，请客人坐右边的座位

D. 在德国，提前抵达访问地点后等到了约定的时间再敲门

23. 民族区域自治制度、特别行政区制度是我国宪法制度中具有自身特色的两项制度。下列对这两项制度的表述不正确的是（　　）。

A. 民族自治地方包括自治区、自治州、自治县

B. 自治区可以制定自治条例、单行条例，报全国人大常委会批准后生效

C. 特别行政区行政长官在当地通过选举或协商产生，由中央人民政府任命

D. 特别行政区的高度自治权包括立法权、行政管理权、独立的司法权和终审权、独立的外交权

24. 小李是某市工商局副局长，因工作需要派到某国有企业担任一定职务，在该国有企业工作时间为一年，工作期间，其人事行政关系仍在原单位。这种公务员交流的形式称为（　　）。

A. 调任　　B. 转任　　C. 轮岗　　D. 挂职锻炼

25. 经济学上所推崇的“橄榄型”收入分配结构，是指低收入和高收入相对较少、中等收入占绝大多数的分配结构。我国正在采取措施，实施“提低、扩中、调高、打非、保困”的方针，使收入分配朝着“橄榄型”方向发展。这主要是为了促进（　　）。

A. 生产的发展　　B. 效率的提高

C. 社会的公平　　D. 内需的扩大

## 二、名词解释题：简要解释下列文章片段中划线部分的名词与术语（25 分）

以人类文学的标准对目前的人工智能文学进行评价，后者仍是不成熟甚至失败的。为什么呢？从中国古代文论的角度分析，人工智能文学无法媲美人类文学的根本原因在于其徒有“机芯”而没有“文心”。

何谓“文心”？《文心雕龙》中给出了两种解释，其一为“言之文也，天地之心哉”，其二为“夫文心者，言为文之用心也”，二句都揭示出“文”与“心”之间的密切关系。“天文”与“人文”本质相通，天人合一在于文，而一切“言”与“文”发起的根源皆在于心，“文”是“心”的载体，“心”是“文”的内核与根本精神。

“心”范畴是中国古代哲学的核心思想之一：心被古人视为身体的主宰，如王阳明曰“心者，身之主宰也”；也被视为思维的中心，指导人们进行认知活动，如孟子认为“心之官则思，思而得之，不思则不得也”；更是被抽象为形而上学的本原性哲学范畴，如《易经》记载道“复其见天地之心乎”……

而机器写作的核心在于机芯，“机芯”指的是机器的核心部分，一般包括硬件和软件两部分，硬件是指人工智能芯片，软件则是芯片中的程序。“机芯”创造出的人工智能文学没有人类文学由“心”生发的神思过程、性情寄托，正是这些造成了目前人工智能文学的劣势。

简要介绍以下名词或术语：

1. 人工智能
2.《文心雕龙》
3. 天人合一
4. 形而上学
5.《易经》

## 三、应用文写作（40 分）

《后汉书·蔡伦传》一文记述了蔡伦在原有造纸技术的基础上勇于创新，发现新的造纸原料和方法的故事。文章写道：“自古书契多编以竹简，其用缣帛者谓之为纸。缣贵而简重，并不便于人。伦乃造意，用树肤、麻头及敝布、渔网以为纸。元兴元年奏上之，帝善其能，自是莫不从用焉，故天下咸称‘蔡侯纸’。”请以此材料为基础，以“传承与创新”为题，写一篇 450～500 字的短评，要求观点独到、说理精辟、发人深思。

## 四、现代汉语写作（60 分）

希腊哲学大师柏拉图在《理想国》第七卷提出“洞穴之喻”：有一些囚徒从小就住在洞穴中，头颈和腿脚都被绑着，不能走动也不能转头，只能朝前看着洞穴后壁。在他们背后的上方，远远燃烧着一支火炬。在火炬和人的中间有一条隆起的道路，同时有一堵低墙。在这堵墙的后面，向着火光的地方，又有些别的人。他们手中拿着各色各样的假人或假兽，把它们高举过墙，让它们做出动作，这些人时而交谈，时而又不作声。于是，这些囚徒只能看见投射在他们面前的墙壁上的影像。他们将会把这些影像当作真实的东西，他们也会将回音当成影像所说的话。此时，假如有一个囚徒被解除了桎梏，被迫突然站起来，可以转头环视，他现在就可以看见事物本身了，但他却以为他现在看到的是非本质的梦幻，最初看见的影像才是真实的。而假如有人把他从洞穴中带出来，走到阳光下面，他将会因为光线的刺激而觉得眼前金星乱蹦。

请根据以上阅读材料，以“认知的桎梏”为题写一篇论说文。要求论点鲜明、论据充分、逻辑严密、说理透辟、语言流畅（字数：1000～1200）。

# 暨南大学 2021 年研究生入学考试试题参考答案

## 一、单项选择题

1.【答案】B

【解析】艾青，原名蒋正涵，浙江金华人，中国现当代诗人、作家。《大堰河——我的保姆》是其成名作，诗中用忧郁感伤的笔调表现了诗人对祖国的深挚热爱之情，奠定了他在中国现代文学史上的重要地位，被认为是中国现代诗的代表作之一。

2.【答案】D

【解析】出自梁实秋《我的人生哲学》中《衣裳》一篇。梁实秋，中国现当代散文家、翻译家、文学批评家。他是我国研究莎士比亚的权威，被誉为"中国翻译《莎士比亚全集》第一人"。

3.【答案】B

【解析】《史记》是我国第一部纪传体通史，由西汉史学家司马迁撰写，被誉为纪传之祖、百科全书式的巨著。全书分本纪、表、书、世家、列传五部分，每个部分的侧重点不同。例如本纪记载了中国古代帝王的兴衰。

4.【答案】A

【解析】B 项主被动误用，应将"一直都是新老顾客备受信赖的"改为"一直都备受新老顾客的信赖"。C 项是典型的"两面对一面"错误，"是否收门票"不能被"否认"。D 项成分残缺，"扩大"后缺宾语。

5.【答案】A

【解析】出自《诗经·邶风·击鼓》。《诗经》是我国第一部诗歌总集，收集了西周初年至春秋中叶的诗歌，具有极高的文学价值。全书分为风、雅、颂三部分。赋、比、兴是《诗经》最常使用的三种表现手法。

6.【答案】D

【解析】唐三彩是盛行于唐代的彩陶工艺品，属低温色釉陶器，以黄、绿、白为主要釉色，也有棕色、褐色、蓝色等其他釉色。"三彩"一词只是泛指釉色的变化多端，并非只有三种颜色。

7.【答案】A

【解析】出自沈佺期的《杂诗》，通过写闺怨之情揭露了战争给人民带来的痛苦，表现了诗人对人民的关切和同情。句中，“少妇”对“良人”，“今春”对“昨夜”，“意”对“情”，字数相等、结构相同、意义对称，是典型的对偶修辞手法。

8.【答案】D

【解析】出自《周易 · 系辞》“二人同心，其利断金；同心之言，其臭如兰”，意思是两个人齐心协力，这股力量足以将金属切开；朋友之间推心置腹地交谈，就像兰草那样芳香。

9.【答案】C

【解析】出自《左传·宣公四年》。郑灵公宴请大臣吃甲鱼，故意不给子公吃。子公很生气，于是就伸出手指蘸了些汤，品尝滋味。“染指”现比喻攫取非法利益。

10.【答案】C

【解析】乒乓球是世界流行的球类体育项目，中国的“国球”。曾长期实行 21 分制，2011 年 4 月 26 日国际乒联主席沙拉拉在日本大阪召开的国际乒联全体大会上宣布改 21 分制为 11 分制。

11.【答案】C

【解析】《医院分级管理办法》规定，依据各级医院的技术水平、质量水平和管理水平的高低，参照必要的设施条件，将医院分为三级十等，分别为甲、乙、丙等，其中，三级甲等医院的级别最高。另外，三级医院增设特等。

12.【答案】A

【解析】西方世界四大通讯社包括英国的路透社，美国的美联社、合众国际社和法国的法新社。塔斯社原名苏联通讯社，是苏联的国家通讯社，1992 年 1 月与俄新社合并，成立俄罗斯新闻通讯社，简称俄通社。

13.【答案】C

【解析】盛田昭夫，日本著名企业家，索尼公司创始人之一，曾被美国《时代周刊》评选为 20 世纪 20 位最具影响力的商业人士之一。因其卓越的商业头脑和创新精神，盛田昭夫被誉为“经营之圣”。

14.【答案】C

【解析】《旁观者》，英国周刊杂志，创刊于 1828 年。其内容主要涉及政治议题，笔风偏向保守。题材广泛，书籍、音乐、歌剧、电影、电视节目评论占据了相当比例。

15.【答案】A

【解析】伦敦地铁是世界上最古老的地下铁道，于 1856 年开始修建，1863 年 1 月 10 日正式投入运营。一百多年来，伦敦地铁在伦敦的公共交通中发挥了重要作用。如今的伦敦地铁是全球最发达的地铁网络之一，也是世界上最现代化的地铁之一。

16.【答案】D

【解析】度量衡是对用于计量物体长度、体积、重量的物品的总称。其中，“度”就是用尺对物体的长度进行测量；“量”就是用容器（斗、升等）对物体的体积进行测量；“衡”就是对物体的重量进行测量。

17.【答案】A

【解析】中国的 CIT500 型列车是世界上最快的火车，于 2014 年创造了每小时 605 公里的超高速度，刷新了法国高速列车 TGV 在 2007 年创造的纪录（每小时 574.8 公里）。

18.【答案】C

【解析】A 项：常温条件下能进行的反应大多是放热反应，但也有吸热反应。B 项：化学反应限度是反应进行的程度，反应的速率是反应的快慢；化学反应限度大，该反应的速率不一定大。C 项：根据能量守恒定律，该说法正确。D 项：化石燃料的开采与使用会增加污染物的排放量。

19.【答案】C

【解析】居民委员会和村民委员会是我国按照居民和村民居住地区设立的基层群众性自治组织，是我国社会最基层、与群众直接联系的组织，方便城市居民或农村居民进行自我管理、自我教育和自我服务。

20.【答案】B

【解析】“掌舵”是指做决策、指挥方向，“划桨”是指执行命令。

21.【答案】C

【解析】在制定发展战略、规划、政策过程中形成的记录、报告、咨询意见等并不影响行政相对人的权利义务，因此无须公开。

22.【答案】B

【解析】女士先行、客人坐右座、准时赴约都是国际通行礼仪，病情属于个人隐私，询问病情不符合国际礼仪。

23.【答案】D

【解析】特别行政区是我国单一制国家结构形式下的独创，在我国行政区范围内享有特殊法律地位。中央对特别行政区行使的权力包括管理与特别行政区有关的外交事务、任命特别行政区的行政长官、解释并修改特别行政区基本法等。

24.【答案】D

【解析】《国家公务员暂行条例》第六十条规定：“挂职锻炼，是指国家行政机关有计划地选派在职国家公务员在一定时间内到基层机关或者企业、事业单位担任一定职务。国家公务员在挂职锻炼期间，不改变与原机关的人事行政关系。”

25.【答案】C

【解析】“橄榄型”社会，又称“纺锤形”社会，是中等收入者占主流的社会结构。这种分配结构更加合理。由“提低、扩中、调高、打非、保困”这一系列方针可以看出，该分配结构促进了社会成员之间权利和利益分配的合理化，进而促进了社会公平。

## 二、名词解释题

1. 人工智能：计算机科学的一大分支，区别于人类智能，人工智能是指由机器或软件通过模拟人的意识和思维过程所体现出的智能。1950年，“计算机之父”阿兰·图灵首次提出了“图灵测试”，后被广泛应用于判断一台机器是否具有智能。1956年举办的达特茅斯会议被认为是人工智能的起源，“人工智能”这一概念被正式提出。现如今，人工智能的应用领域不断扩大，包括工业、农业、医药、生物、交通、物流、教育等。机器学习、自然语言处理、机器视觉等相关应用带来了良好的经济效益和社会效益。人工智能在给人们生产生活带来极大便利的同时，也引发了诸多伦理问题，如人与人工智能的主体关系、人工智能的可信度等。

2.**《文心雕龙》：**中国古代文论巨著，南朝文学理论家刘勰著。全书共五十篇，大致可分为总论、文体论、创作论、批评论四大部分。第一部分提出了指导写作的总原则。第二部分论述了诗歌、辞赋、书信等三十多种体裁的作品。第三部分泛论了各种文体的写作方法，包括遣词造句之法、文章的构思和结构安排等。第四部分论述文学批评的态度和方法，评论历代作家的才能与贡献。《文心雕龙》是我国现存最早的文学批评专著、文章学论著，在我国文学批评、文章学、修辞学的发展历史中，占据着重要地位。鲁迅认为它可与亚里士多德的《诗学》相媲美。

3. **天人合一：**中国古代哲学思想，是中国古人在天人关系思想上的精粹，深刻影响世代中国人看待自然万物的价值理念。天人关系一直是中国传统哲学中最重要的研究课题，“天人合一”这一思想最早可以追溯到先秦时期，经孟子的“性天相通”说和董仲舒的“人副天数”说，于宋代达到成熟。“天”在中国古代哲学中有三大含义：一是主宰，二是自然，三是义理。儒、道、释各家对此均有阐述。儒家认为“天人合一”就是人与“义理”之天合一，道家则推崇人与“自然”之天合一，即“天地与我并生，万物与我为一”的境界。“天人合一”思想亦具有很高的当代价值，对当前生态文明建设具有极高的借鉴意义。

4. **形而上学：**经典哲学的重要分支，研究存在的本质的哲学，包括“是者”、存在论、本体论、方法论，也包括对自然科学、逻辑学、语言哲学、数学等领域元问题的研究。最早由亚里士多德构建，他将其称为“第一哲学”。形而上学以本原、存在、真理、本质等抽象事物作为研究对象，探究概念本身的概念，包括对概念进行分析、构造、解构等。

5.**《易经》：**也称《周易》或《易》，中国古代哲学经典之一，儒家经典文集，被誉为“诸经之首”。《易经》广泛记载了我国上古时代的经济状况和社会生活状况，包括农业生产、畜牧养殖、祭祀、天文历法等诸多内容，是一部反映上古生活的百科全书，具有较高的史学研究价值。《易经》也是一门研究趋吉避凶的学问，曾长期被用作“卜筮”，是中国最早的占卜术原著。该书被誉为“中华文化的源头”，其内容涉及了哲学、政治、生活、艺术、科学等诸多领域，贯通了人类社会的所有学问，堪称经典中的经典。《易经》内容包括《经》和《传》两个部分，其内容简洁而深邃，体现出中国哲学史上极为独特的思辨方式，其博大精深的思想对中国文化产生了深远的影响。

## 三、应用文写作

【题目解析】

短评是一种评论体裁，因篇幅短小而得名。短评相对于长篇评论而言，一般只就一个范围较小的问题展开论述，发表自己的观点或看法。短评不要求深入细致，但是要求观点新鲜独到，能够分析扼要、发人深省。短评亦可以分为时事短评、新闻短评、文艺短评等。在发表时有署名与不署名两种。

“传承与创新”属于二元关系型写作。行文时，必须兼顾其中的各个要素，清楚地点明二者之间的关系。传承与创新是辩证统一的关系，二者缺一不可，互为补充。写作时，可以先从“蔡伦造纸”的事迹入手，说明其成功的缘由——能够做到“古为今用，推陈出新”。紧接着，讨论“传承与创新”二者的关系。最后一段，可以联系实际，讲讲传承与创新的当代价值。

【参考作文】

### 论文化的传承与创新

人类文明的发展始终围绕着传承与创新。两千多年前蔡伦改良造纸技艺，便是对此最好的诠释。

东汉时期，竹简、木牍、缣帛是主要的书写材料，竹简、木牍的笨重以及缣帛的昂贵使得读书识字不便且奢侈。造纸工艺虽已发展百年，但仍存在不少缺陷，材料贵重就是造纸术推广路上的绊脚石、拦路虎。但蔡伦真正做到了“古为今用，推陈出新”。他在原有工艺的基础上，经过反复的实验与摸索，终于创造出了“蔡侯纸”。这一伟大创新，彻底解决了造纸材料价格高昂的问题，让纸张得以走进寻常百姓家，为人类文化的传播和世界文明的进步做出了杰出贡献。

没有传承，就没有创新。创新，不是从无到有，而是我们“站在巨人的肩膀上”，看得更高、看得更远。文化的发展，从来都是延续的。习总书记曾说过：“中国的今天是从中国的昨天和前天发展而来的。”文化就像一条奔流不息的大河，从过去汇入现在，又将汇入未来。

当今社会，我们面临着前所未有的机遇和挑战。我们需要不断传承和发扬优良传统文化，同时又要敢于创新和颠覆。创新之于传统，就如同为积重难行的船装上了风帆，让它伴着新时代的大风，扬帆起航。只有传承和创新兼备，才能在竞争日益剧烈的社会中大展拳脚，不断取得新的成果，为人类的发展贡献自己的绵薄之力。

## 四、现代汉语写作

【题干解析】

古希腊著名哲学家柏拉图曾提出了著名的“洞穴之喻”，以囚徒比喻多数人，长期的桎梏让他们将回音当作人声，将假象看作现实。倘有人摆脱桎梏，探明真相，一时之间竟也无法接受。而同伴也多会认为此人疯疯癫癫，胡言乱语。对此，我们可以从认知的局限性出发，论述如何走出洞穴、如何形成正确的认识，最终取得不菲的成绩。

【参考作文】

## 认知的桎梏

人们对于世界的认识总是处在一定的桎梏之中，就好像洞穴之囚徒一样，总有类似洞穴的东西掩盖住了真相，而假象无处不在，阻碍了人们对世界的正确认识，古希腊著名哲学家柏拉图在他的“洞穴之喻”中如是说。要想正确认识世界，我们必须有冲出洞穴之勇气、与时代共舞之志气，才能有所作为。

### 冲出洞穴之勇气

我不禁想到了前段时间热播的革命历史大剧《觉醒年代》。剧中鲁迅先生和钱玄同的一段对话，发人深省。鲁迅认为当时的中国就好比一间铁屋子，绝无窗户而且是万难破毁的，里面的人们从昏睡入死，全然感受不到临死的悲哀。而如果惊起了几个较为清醒的人，反倒要让他们去承受无可挽救的临终的苦楚。钱玄同却斩钉截铁地反驳道：“然而几个人既然起来，你不能说绝没有毁坏这铁屋的希望。”这就是后来著名的“铁屋子”理论。正是钱玄同的这番话，点醒了深陷失望和沮丧的鲁迅。鲁迅先生由此写下了振聋发聩的《狂人日记》，这是他在历经沉默后发出的第一声呐喊，拉开了新文化运动的序幕，在中国社会掀起了轰轰烈烈的思想解放潮流，同时也为马克思主义在中国的传播创造了极为有利的条件。钱玄同的回答，是他为这个时代生发的勇气；《呐喊》，是鲁迅先生的勇气所在；而轰轰烈烈的思想解放运动，则是那个时代所有仁人志士的勇气之炬。千千万万个钱玄同、周树人，他们就像解除桎梏走出洞穴的“洞穴人”一样，迫不及待地想要叫醒昏睡之人，叫醒那些还来不及一瞥真实处境的人。

### 与时代共舞之志气

朝菌不知晦朔，蟪蛄不知春秋。井底之蛙何以见朗朗天日？“你自己心里想的、你信仰的东西，远远重要于外界别人对于你的看法和整个社会的舆论走向。这是非常关键的。”2017 年未来科学大奖生命科学获奖者、著名结构生物学家、清华大学教授施一公在未来科学论坛上如是说。论坛上有人向施一公教授提问，自己的朋友特别喜欢生物学，大学想以此为专业，但周围的人都说，这个专业没有前景，未来找不到工作，换个专业吧，他的朋友因此犹豫不决，不知道施教授怎么看这件事？直到今天，施一公教授在论坛上的回答仍令我记忆犹新，他这样说：“我觉得我们是人，我们不是简单的动物，吃饱了喝足了，如果不缺衣少穿，为什么要这么担心少挣几块钱、多挣几块钱呢？我觉得如果我们最后无论是学习也好，无论是研究也好，还是做什么也好，最后我们主要的着眼点是什么工作挣钱多，什么工作能够生活得更富足，这个至少对年轻人来讲，是太不可思议的狭窄了。”

是的，我们还这么年轻，我们有大把的时间上下求索，前后试错。倘将时间浪费在思考什么东西赚钱多、什么东西没“钱”途之类的事情上，未免如“鹪鹩巢林，不过一枝；偃鼠饮河，不过满腹”。偏安个人一隅，永无探天之日。

思想上的桎梏固然难以轻易打破，但这绝不应是我们安于现状、浑浑度日的借口。勇于求索真理才是我辈应有的志向。突破自身认知的局限，才能创造出更为广阔的天地。

MTI

# 西安电子科技大学
# 研究生入学考试


西安电子科技大学 2021 年研究生入学考试试题 ······ J2

西安电子科技大学 2021 年研究生入学考试试题参考答案 ······ J5

西安电子科技大学 2020 年研究生入学考试试题 ······ J11

西安电子科技大学 2020 年研究生入学考试试题参考答案 ······ J14

# 西安电子科技大学 2021 年 研究生 入学考试试题

## 一、单项选择题（50 分）

1. 一些材料在温度降到足够低时，电阻会突然降为零，它们叫______。

A. 导体　　B. 超导体　　C. 半导体　　D. 绝缘体

2. 海象刚出水时，它的皮肤看上去是白色的，但时间一长，皮肤颜色就会慢慢地变深变______。

A. 灰　　B. 褐　　C. 紫　　D. 红

3. 最早采用人工呼吸方法救人的医学家是______。

A. 扁鹊　　B. 华佗　　C. 张仲景　　D. 王叔和

4. “昙花一现”的成语老少皆知，昙花在夜晚开花，并且开花时间只有 3~4 个小时，这是为了______。

A. 躲避烈日灼烧　　B. 夜间空气质量较高

C. 释放种子　　D. 吓退天敌

5. 新中国修建的第一条铁路是______。

A. 成渝铁路　　B. 京张铁路　　C. 宝成铁路　　D. 成昆铁路

6. 以下书写正确的成语是______。

A. 继往不究　　B. 继往不咎　　C. 既往不究　　D. 既往不咎

7. 标志着中国共产党开始独立领导革命战争和创建人民军队的事件是______。

A. 秋收起义　　B. 广州起义　　C. 南昌起义　　D. 百色起义

8. 下列典故与项羽有关的是______。

A. 隔岸观火　　B. 暗度陈仓　　C. 背水一战　　D. 破釜沉舟

9.《先知》的作者纪伯伦是______。

A. 埃及作家　　B. 黎巴嫩作家

C. 法国作家　　D. 意大利作家

10. 中国古代官员制度三公九卿制中的“三公”不包括______

A. 丞相　　B. 廷尉

C. 御史大夫　　D. 太尉

杭，后延伸至宁波。大运河的修建耗尽了隋朝的国力，也进而导致了隋朝的灭亡。

17.【答案】D

【解析】马里亚纳海沟位于西太平洋，是全球最深的海沟，也是地球上最深的地方。其深度达到 11034 米，其深度和所在位置使得这里形成了独特的海洋环境，温度低且含氧量低使这里的生物多样性相对匮乏。

18.【答案】C

【解析】太阳能不均匀地照射在地球上的大气和表面，地球不同地区的气温和水温受到不同程度的影响，形成了温差。在海洋中，温差会导致水的密度变化，从而出现水流。这些水流不断地在海洋中流动，它们的流动形成了能量，这种能量就是海洋温差能。

19.【答案】B

【解析】手机、电脑的芯片主要是由硅（Si）组成的。硅是一种非金属元素，是一种灰色固体，具有良好的半导体性能和导电性，是电子元器件中非常重要的材料。硅材料可以制成晶体管、集成电路等微电子元器件，用于芯片的制造。

20.【答案】D

【解析】神农尝百草，是中国古代传说中的一个经典故事。神农氏亲自尝试草药的疗效和药性，并且一一记录下每种草药的功能和作用。据传说，神农氏共尝试了 70 多种草药，并发现了许多对人体有益的草药，这些草药的一些用途，比如治疗疾病和提高免疫力，至今仍然被人们广泛地应用于生活和医疗中。

21.【答案】C

【解析】孟母三迁是中国古代著名的故事，故事发生的地点位于今天的山东省。讲述的是孟子的母亲为了让孟子得到更好的教育，三次搬家，每次都是为了寻找更好的学习机会。最终，孟子在良好的家庭教育环境下，成为中国古代最伟大的思想家之一。

22.【答案】A

【解析】尼罗河是世界上最长的河流，全长约 6853 公里。白尼罗河和青尼罗河是尼罗河的两大支流，最终在埃及汇入地中海流入大海。尼罗河是非洲重要的水源，同时也是古埃及文明的中心，为埃及提供了灌溉和交通的便利。

23.【答案】D

【解析】“子午觉”是中医理论中提倡的养生之法。子时指的是夜晚 23 点至凌晨 1 点，这期间阴气最盛，可以保证人体得到充足且高质量的睡眠效果；午时指的是中午 11 点至 13 点，在此期间小憩半个小时左右能够起到补充精力的效果。

24.【答案】B

【解析】“束发”在古代指十五岁左右的男子；“豆蔻”指十三四岁的女子；“加冠”指古代男子到了十八岁，即行加冠礼；不惑指四十岁的中年人。因此，题目中“豆蔻梢头二月初”涉及的年龄最小。

25.【答案】C

【解析】端午节是中国传统节日之一，是为了纪念伟大的诗人、政治家屈原而设立的，端午节有很多与之相关的传统习俗和活动，如赛龙舟、吃粽子、挂艾叶等。2009 年 9 月，联合国教科文组织正式将端午节列入世界非物质文化遗产，成为中国首个入选世界非物质文化遗产的节日。

## 二、应用文写作

【题目解析】

倡议书是一种公开表态和行动的文书，用于向社会呼吁、推动某种事业或政策的实现。倡议书分为标题、称谓、正文和落款四部分。结合题干要求，本文的写作思路如下：

标题：倡议书的标题可以直接写“倡议书”，也可以在文种前加上事由，如“节约粮食、拒绝浪费倡议书”。

称谓：如有明确的倡议对象可以顶格写明；如倡议对象的范围较广，则可以省略不写。

正文：倡议书的正文需交代清楚倡议的目的和事项。结合题干，本文需要发起“节约粮食、拒绝浪费”的倡议，行文时可以从中华民族传统美德以及树立良好的社会风气等方面的重要性切入。

落款：右下角写明倡议的集体或个人姓名以及成文日期。

【参考作文】

### 节约粮食、拒绝浪费倡议书

亲爱的同学们：

中国人民历来珍视粮食，崇尚“民以食为天”。但是，随着经济水平的提高和生活水平的提升，浪费现象逐渐加剧，粮食资源的消耗和浪费也越来越严重。为了提高人们对粮食的尊重和珍惜，建立可持续发展的社会，学生会向大家发起“节约粮食、拒绝浪费”的倡议，我们呼吁大家共同行动，和我们一起做到以下几点：

第一，增强节约意识。从身边小事做起，不仅在自己的日常生活中，而且在工作和生活的各个细节方面都做到“节约粮食，拒绝浪费”，严格遵守“一日三餐不浪费”的原则，珍惜粮食资源。

第二，改正不良习惯。一些人习惯大吃大喝，不顾浪费。我们要遵循“量力而行”的原则，要谨记贪多嚼不烂、杜绝攀比之风，切实减少浪费。

第三，树立正确观念。我们需要共同宣扬“节约粮食，拒绝浪费”的价值观和生活方式，积极营造“节约为荣”的社会风尚。频繁开展宣传教育活动，有利于广大市民形成崇尚节约、爱护粮食、反对浪费的社会风尚。

同学们，一粥一饭，当思来之不易；半丝半缕，恒念物力维艰。我们希望大家响应并支持“节约粮食，拒绝浪费”行动，从自己身边的小事做起，积极履行自己的社会责任，共同建设资源节约型社会。

××大学学生会<br>2020年10月16日

24. 魏晋南北朝时期的文学理论和文学批评，相对于文学创作异常地繁荣，其中，出现了标志着中国文学理论和文学批评建立了完整体系的文学理论著作，它是______。

A.《文章缘起》 B.《文心雕龙》

C.《东观汉记》 D.《诗品》

25. 欧洲文艺复兴首先发生在文学领域，佛罗伦萨的“文学三杰”是______。

A. 但丁、彼特拉克和薄伽丘

B. 但丁、西塞罗和薄伽丘

C. 彼特拉克、西塞罗和薄伽丘

D. 拉伯雷、彼特拉克和薄伽丘

## 二、应用文写作（40 分）

李梅是 ×× 大学英语专业的学生，从广告中得知《中国日报》正在公开招聘一名校对员，得益于自己的专业背景及经验，李梅想要应聘这个职位。

假设你是李梅，请给《中国日报》写一封求职信，应聘上述职位，注意信件格式，内容可适当扩充，要求字数 450 字左右。

## 三、现代汉语写作（60 分）

随着互联网深入渗透到工作生活的各方面，新经济环境下塑料制品的使用更是急剧上升，快节奏的生活导致塑料袋使用量的激增。个性化消费下，各种塑料包装商品大行其道，电商、快递、餐饮外卖每天都在制造着海量的塑料污染。

习近平总书记于 2019 年 9 月主持召开了中央全面深化改革委员会第十次会议，审议通过了《关于进一步加强塑料污染治理的意见》，指出积极应对塑料污染，要牢固树立新发展理念，有序禁止、限制部分塑料制品的生产、销售和使用，积极推广可循环、易回收、可降解替代产品，增加绿色产品供给，规范塑料废弃物回收利用，建立健全各环节管理制度，有力有序有效治理塑料污染。

请以“如何应对塑料污染”为题阐述自己的观点，字数不少于 800 字。

# 西安电子科技大学2020年研究生入学考试试题参考答案

## 一、单项选择题

1.【答案】C

【解析】战国四公子是指孟尝君田文、平原君赵胜、信陵君魏无忌与春申君黄歇，他们为了对抗秦国的入侵，广纳门客，礼贤下士，结交有识之士。成语“焚券市义”“狡兔三窟”“鸡鸣狗盗”皆与孟尝君有关。

2.【答案】C

【解析】我国四大藏书阁又称“北四阁”，分别为紫禁城文渊阁、圆明园文源阁、奉天故宫文溯阁、承德避暑山庄文津阁。文溯阁位于今天的沈阳市境内，有《四库全书》和《钦定古今图书集成》藏于其中。

3.【答案】D

【解析】泰戈尔是印度著名的作家、哲学家，他的文学作品广泛涉及诗歌、小说、戏剧、散文等多个领域，其中包括一些与印度文化、哲学和传统有关的作品，如《吉檀迦利》。1913年，泰戈尔凭借《吉檀迦利》一举拿下诺贝尔文学奖，成为第一个获得诺贝尔文学奖的亚洲人。

4.【答案】A

【解析】“我爱吾师，我更爱智慧”这句话出自苏格拉底，意思是“我敬重我的老师，但我更执着于智慧带来的境界”。苏格拉底是古希腊哲学史上的重要人物之一，他的思想对于西方哲学的发展产生了深远的影响。

5.【答案】A

【解析】液化石油气（Liquefied Petroleum Gas，简称LPG）是由天然气或油田气中的烃类（主要是丙烷和丁烷）在高温高压下经过多道工艺程序而制成的多用途液态燃料。液化石油气是一种非常方便和高效的清洁能源，它可以广泛应用于家庭、商业及工业、运输等领域。

6.【答案】B

【解析】赤道地区的影子较短是由于太阳在此区域的高度角较高，几乎直射于地面，因此，赤道地区是影子的“小人国”；而离赤道越远，它的角度就逐渐偏离垂直状态，投射到地面上时就会变长。

7.【答案】C

【解析】《二泉映月》是一首中国传统的二胡曲目，是音乐家阿炳的代表作。该曲目描述了江苏无锡惠山的美丽风光，创作者借美丽的自然风光抒发了内心的苦闷和对光明的憧憬。

8.【答案】A

【解析】僧一行，唐朝天文学家、佛学家。作为佛门高僧，僧一行不但准确测出了子午线的长度，还创作了《大衍历》，准确反映出了太阳运行的规律，体现了古代历法体系的成熟和完善。

9.【答案】B

【解析】郭沫若是我国著名作家、考古学家、历史学家，代表作品有《蔡文姬》《星空》《女神》等；曹禺是我国现代话剧剧作家，代表作有《日出》《雷雨》《北京人》等；老舍是我国现代文学家、戏剧家，代表作有《骆驼祥子》《四世同堂》《茶馆》《龙须沟》等。

10.【答案】A

【解析】农业经济阶段是指一个国家或地区在经济发展过程中，农业产业对经济的贡献比例相对较高的阶段。这通常是一个国家或地区在经济转型期的早期阶段，也是工业化以前的阶段。因此，从技术进步和生产力发展的角度来看，农业经济阶段不属于经济发展的三个阶段之一。

11.【答案】D

【解析】生物质能是指利用植物、动物及其代谢产物等可再生有机物质所储存的能量，直接或间接转换为能够利用的能源。生物质能是一种清洁的可再生能源，通常通过直接燃烧或气化、液化等方式将其转化成能源形式，如热能、电能和生物燃料等。

12.【答案】D

【解析】决定论认为，人类的行为和事件的发生是一系列预先确定的因果关系所导致的。决定论的主张强调了客观物质世界的规律性，它在自然科学和社会科学中都有着广泛的应用；非决定论否认事物之间的客观规律和因果联系的客观普遍性。

13.【答案】B

【解析】“君子之交淡若水，小人之交甘若醴”出自《庄子·外篇·山木》，意思是君子之间的交往应像水一样不掺杂任何杂质，不带有任何功利之心，而小人之间的交往如酒一般虽闻起来甘甜醇厚，实则浑浊不清。

14.【答案】A

【解析】莎士比亚是英国文艺复兴时期最杰出的文学家和戏剧家之一，莎士比亚的成就主要体现在戏剧创作领域，他生前创作了数十部剧作，涉及喜剧、悲剧、历史剧等各个题材，其中著名的四大喜剧包括《威尼斯商人》《仲夏夜之梦》《皆大欢喜》《第十二夜》。

15.【答案】C

【解析】《汉谟拉比法典》是古巴比伦时期国王汉谟拉比颁布的一部法典，它是世界上迄今为止保存最完整的最早的一部成文法典，也是早期法律文本中最著名、最有影响力的一部。

16.【答案】B

【解析】尼古莱·瓦西里耶维奇·果戈理，是俄国著名的小说家，果戈理的作品大多描写当时的俄国社会、乡村生活、历史人物等，他的主要作品包括《死魂灵》《钦差大臣》《狂人日记》。果戈理的《狂人日记》以一名公务员为主线，讲述了他因受到极度压迫而被逼发疯的故事。

17.【答案】C

【解析】“阿里巴巴与四十大盗”出自《一千零一夜》，主人公阿里巴巴是波斯人。故事的背景设定在阿拉伯半岛的方城镇，讲述了年轻人阿里巴巴如何发现并制服四十个盗贼，并最终取得它们的宝藏的故事。

18.【答案】A

【解析】《嘎达梅林》是作曲家辛沪光根据蒙古族英雄嘎达梅林的事迹创作的一首蒙古族叙事歌曲。歌曲讲述了英雄嘎达梅林为了反抗封建势力和军阀统治，率领民众英雄反抗，最终壮烈牺牲的故事。

19.【答案】C

【解析】联合国教育、科学及文化组织（United Nations Educational, Scientific and Cultural Organization，UNESCO），属联合国专门机构，简称联合国教科文组织。

20.【答案】B

【解析】乔治·戈登·拜伦是英国著名的浪漫主义诗人。他的文学风格新颖独特，同时也是早期欧洲浪漫主义文学的代表人物之一。拜伦的诗歌作品以其浪漫、激情和叛逆的风格而著称。他出版的长篇诗体小说《唐璜》赢得了公众的青睐和尊崇，并引领了当时浪漫主义文学的风格潮流。

21.【答案】C

【解析】莫言是中国当代著名的作家。他的代表作包括长篇小说《檀香刑》《丰乳肥臀》《蛙》等，这些作品涉及了中国农村、城市及现代社会等多个方面，展现了中国传统文化与现代社会的冲突和融合，对人性、家族、爱情、权力等主题进行深刻的思考和探究。2012 年莫言以作品中的魔幻现实主义写作风格荣获诺贝尔文学奖。

22.【答案】A

【解析】量子力学是一种描述自然界微观粒子运动行为的理论体系，它描述了电子、原子、分子等粒子的波粒二象性与量子态的演化规律，以及它们与外界相互作用的行为。量子力学的诞生和发展标志着人类对自然界认识的重大飞跃。

23.【答案】D

【解析】西塞罗是古罗马著名的政治家、演说家、哲学家和作家。西塞罗出生于一个贵族家庭，从小就受到良好的教育。他的智慧和演说能力，在年轻时就受到人们的广泛认可。西塞罗的代表作有《论法律》《论演说家》等。

24.【答案】B

【解析】《文心雕龙》是南朝时期刘勰所撰写的一部文学理论专著，主要论述了文章的构思与技巧、文学思想和审美标准等问题，它的出现了标志着中国文学理论和文学批评建立了完整体系的文学理论。

25.【答案】A

【解析】意大利文艺复兴时期的“文学三杰”指的是但丁、彼特拉克和薄伽丘。文艺复兴是一场大规模的文化、思想和学术变革，在这场运动中，艺术家、文学家和哲学家们创造出了大量充满人文主义思想和自由思想的杰出作品，体现了人类对世界的独立思考和探索精神，对人类文明的长远发展产生了深远的影响。

## 二、应用文写作

【题目解析】

求职信是求职者向用人单位申请工作的正式信件。求职信一般由标题、称谓、正文和落款四部分组成。

标题：求职信的标题直接写“求职信”即可。

称谓：顶格写明用人单位的负责人姓名或称呼。

正文：正文需简要介绍自己的基本情况，向用人单位表达求职意向。正文的末尾可以感谢用人单位对自己求职信的耐心阅读和考虑，并提出愿意参加面试和提供更多的信息等，还可以附上自己的简历和各类资质证书。

落款：正文右下方注明求职者姓名和成文日期。

【参考作文】

### 求职信

尊敬的领导：

您好！我是李梅，是 ×× 大学英语专业的学生。在即将毕业之际，我从广告中获悉贵公司正在招聘一名校对员，作为一名英语专业的大学生，我对这个职位充满了热情，特申请贵公司校对员一职，盼望得到贵公司的青睐。

通过大学四年的专业课学习，我已经获得了较为丰富的英语语言和文学知识。在校期间，我主修了英语写作课程，并且在国家级英语类学术竞赛中获得过一等奖。大学期间，我曾在一家国际化企业实习，担任校对员的岗位，积累了相关的工作经验。这些经历不仅让我掌握了卓越的校对技能，还帮助我更好地理解并运用英语语言。

我了解到，《中国日报》是一家声誉良好的媒体公司。此次招聘校对员的职位，正好契合我的专业背景和职业规划。如果有机会接受这个挑战，我将会充分发挥自己的专业知识和技能，全身心地投入到工作中，为贵公司的各项校对任务提供准确、高质量的服务。

最后，我衷心感谢您抽出宝贵的时间阅读我的求职信。如果有面试和推荐的机会，我将非常感激，期待与您进一步交流。

此致

敬礼

李梅

××××年××月××日

## 三、现代汉语写作

【题目解析】

随着人类科技的进步，越来越多的便民产品出现在人们的生活当中，塑料袋便是其中的一种。然而人类在享受科技成果带来的好处时，却忽视了其潜在的环境危害。我国已经开始重视整治塑料的使用，并采取了一系列相关措施，逐步规范塑料制品的使用和回收方式，有序治理塑料污染。

结合题干要求，本篇行文需要提出应对塑料污染的观点和建议。应对塑料污染，可以从提高民众环保意识和政府出台相关措施以及技术改进三个方面进行探讨。在说明目前此三个方面存在的问题后，提出有针对性的解决措施。

【参考作文】

### 如何应对塑料污染

随着工业化、城市化和消费升级的不断推进，塑料制品被广泛使用，并且每年都在呈倍增趋势。虽然塑料制品在生活中带来了很多便利，但是随之而来的塑料污染也是不容忽视的问题。由于人类生产的绝大部分塑料具有易受污染、种类复杂等特性，所以并没有被持续循环利用，而是被废弃、焚烧或者填埋。这不仅造成可再生塑料资源的浪费，还对城市固体废物管理系统和自然生态环境带来了巨大压力，甚至可能影响人的身体健康。塑料污染触及到环境、经济、社会等多个方面。而应对塑料污染，需要一个全面的、有序的、持续的、看得见的行动计划。

应对塑料污染，需要不断提升民众环保意识，改变消费行为与生活方式。引导公众尽量少使用一次性塑料制品。日常生活中我们在超市随手购买的一个塑料袋需要经过200年的时间才能分解；点外卖时的塑料饭盒不仅会造成塑料污染，经过高温加热还会对人体产生巨大的损害；网购时包裹快递的塑料袋更是随着电商行业的崛起造成了巨大的塑料危机。究其原因，一方面是人们的环保意识薄弱，另一方面是大多数人认为塑料袋廉价，扔了也不心疼。因此，大众的消费心理和环保意识是应对塑料污染的关键一环。政府和媒体可以通过多种形式宣传引导公众，增强环保意识，践行绿色生活方式，减少使用一次性塑料制品，特别是减少使用“因为价廉扔了也不心疼”的塑料袋。

应对塑料污染，需要着眼于形成塑料循环的产业链。通过规范企业生产、健全回收体系、配套监管、科技研发助力等手段能够较好解决再生塑料的成本高的问题，也能解决回收企业难以盈利与塑料回收困难重重等问题。加速研发具有可降解性、可循环利用的替代品，为消费者提供更加环保的塑料制品，实现资源的最大化回收和利用，降低塑料污染的产生。发展环保技术，推进绿色制造，使我国转变成为绿色产品消费大国。

应对塑料污染，需要每一位公民的积极参与。不要再让蔚蓝的大海上漂浮着“白色垃圾”，不要再让无辜的生命吞食下致命的“果实”，不要再让肥沃的土壤被塑料填满，也不要让人类湮没在自己创造的科技成果之下。

MTI

# 宁波大学
# 研究生入学考试


宁波大学 2023 年研究生入学考试试题 …… K2

宁波大学 2023 年研究生入学考试试题参考答案 …… K4

宁波大学 2022 年研究生入学考试试题 …… K9

宁波大学 2022 年研究生入学考试试题参考答案 …… K11

# 宁波大学 2023 年
# 研究生
# 入学考试试题

## 一、名词解释（每小题 2 分）

1. 西方中心论
2. 文明冲突论
3. 零和博弈
4. 丛林法则
5. 全人类共同价值
6. 文化自觉
7. 五行
8. 中庸
9. 民本
10. 韩愈
11. 会试
12. 翰林院
13. 巡抚
14. 科技革命
15. 宇观
16. 竞争优势
17. 新常态
18. 粗放型增长
19. 国家战略
20. 温室气体
21. 顶层设计
22. 清洁能源
23. 碳达峰
24. 曾国藩
25. 经学

## 二、应用文写作（40 分）

2022 年 5 月 15 日是我国第三十二个全国助残日，主题为“促进残疾人就业，保障残疾人权益”。你所在的社区要举办助残日活动，为动员社区群众积极参加，进一步提高群众对残疾人群体的关心关爱度，为众多残疾人提供切实可行的帮助和扶持。现请你就此写一篇“扶残助残”倡议书，不少于 500 字。

## 三、现代汉语写作（60 分）

司马光幼时不拘一格，砸缸救人，进入官场后政治立场却日趋保守。请以“从司马光的身上我们学到了什么”为主题写一篇偏文学性的散文，不少于 800 字。

# 宁波大学 2023 年
# 研究生入学考试试题
# 参考答案

## 一、名词解释

1. **西方中心论：** 西方中心论是认为西方文化、价值观、制度和历史是人类文明的中心和典范，其他文化和民族处于边缘地位的一种思想观念，随着欧洲殖民主义和帝国主义扩张传播到其他地区，成为一种文化霸权主义。
2. **文明冲突论：** 文明冲突论是由美国政治学家塞缪尔·亨廷顿提出的国际关系理论，认为世界上不同文明的价值观、信仰、历史、文化和政治体系不同，将产生难以调和的冲突，文明冲突成为世界上最主要的冲突形式。
3. **零和博弈：** 零和博弈是博弈论的一个概念，与非零和博弈相对。零和博弈表示所有博弈方的利益之和为零或一个常数，即一方有收入，其他方必有所失。
4. **丛林法则：** 指自然界中，更强的个体会取得更具优势的生存资源这一规律法则。适者生存、弱肉强食、优胜劣汰都是对该法则的解释。这一概念现被用于管理学等多个学科，强调小到人与人之间的竞争，大到企业间、国家间的竞争都要遵循该生存法则。
5. **全人类共同价值：** 2015 年 9 月，习近平主席在第七十届联合国大会一般性辩论中首次提出了全人类共同价值，即和平、发展、公平、正义、民主、自由。该价值观融合汇聚了各个民族、政治制度优秀的共同价值，超越了不同文化间的隔阂，为人类社会提供了值得追求的共同理想和价值目标。
6. **文化自觉：** 文化自觉是一个人对自己所属文化的自我认知和自我定位，涵盖了对自己所处文化的认同、认识和反思，可以帮助人们更好地了解自己和他人，促进不同文化之间的交流与融合。
7. **五行：** 指金、木、水、火、土，是中国古代的一种物质观。五行学说是古代自然哲学之一，它认为宇宙万物，都由木火土金水五种基本物质的运行和变化所构成。五行学说也是古代中华文化的重要成分。
8. **中庸：** 儒家思想中重要的哲学范畴，是中国古代社会人们的行为准则和理想信念。中庸之道要求个人在行为上保持中正平和，避免过分和偏差，实现中正之德。《中庸》亦是儒家经典之一，与《论语》《大学》《孟子》合编为“四书”。

9. **民本**：即“民惟邦本”，出自《尚书》，意思是以百姓为国家的根本，中国传统政治哲学中的重要组成部分，传统治国理论的核心。传统民本思想强调以民为本位，将民众的利益置于君主的利益之上，是人类政治文明的先进理念，但其实质仍是维护君主专制的统治工具。
10. **韩愈**：唐代著名文学家、哲学家、思想家、教育家，世称“韩昌黎”，位列“唐宋八大家”之首。韩愈是唐代古文运动的倡导者，在中国学术思想史上地位显赫。有《韩昌黎集》传世。
11. **会试**：古代中国科举考试中的一级，高于乡试、低于殿试。因士子需会集京师参加考试，故名“会试”。始于金朝，后为元、明、清三朝沿用。会试一般在乡试的第二年举办，全国举人赴京赶考，中试者称为“贡士”，第一名称“会元”。
12. **翰林院**：中国古代官署名，唐代初置，为宫廷供奉机构，后演变为专门起草机密诏制的重要机构，明朝以后逐渐成为官员仕途上的踏脚石。翰林院是朝廷重要的选才、育才、储才之地，但也造成人才浪费、社会“重文士轻技工”的风气，阻碍了科技的发展。
13. **巡抚**：明清时期官名，别称抚军、抚台。“巡抚”一词出现于明洪武年间，在明宣德年间成为官职的名称，最终确立于嘉靖年间。明代指巡视各地的军政、民政大臣，清代指掌管一省军政、民政的官员。大致两省或三省设一总督，每省设一巡抚，以“巡行天下，抚安军民”而得名。
14. **科技革命**：科技革命是指科学技术对生产力进行全面的、根本的改造。近代以来，科技革命已经历了数次重要阶段，如工业革命、电力革命、信息革命等，这些革命推动着人类文明不断进步，彻底改变了人们的生产生活方式。当今世界仍处于科技革命的浪潮之中。
15. **宇观**：宇观是指包括星团、星系、星系团、超星系团、总星系以及遍布于宇宙空间的射线和引力场所构成的物质系统。1962 年，中国天文学家戴文赛在《宇观的物质过程》一文中首次提出了该概念。
16. **竞争优势**：管理学术语，指的是一个组织或企业相对于其竞争对手在某一方面所具有的相对优势，例如产品品质、价格、服务、研发创新、网络营销、供应链管理等。竞争优势是企业战略成功的重要因素，可以帮助企业在激烈的竞争中获得更高的市场份额和更高的利润率。
17. **新常态**：新常态指由过去的状态向一种新的相对稳定的常态的转变，是一个优化、调整、转型、升级并行的过程。经济新常态意味着中国经济已进入一个与过去三十多年高速增长期不同的新阶段。
18. **粗放型增长**：经济学概念，与集约型增长相对，一般指粗放型经济增长方式，指的是一种以低技术、低效率、低投入和高消耗为特征的经济增长方式。这种方式在经济发展初期比较常见，尤其是在第三世界国家和发展中国家，但在现代经济学中已被认为是不可持续的。
19. **国家战略**：是指一个国家用于发展和实现国家目标的长期战略规划。政府在对国家力量、资源、优势等方面进行评估和分析后，在国家安全、经济、外交、文化等领域制定的长远目标和计划。良好的国家战略可以帮助一个国家在全球各个领域中取得优势和主导权，提高国家的竞争力，保证国家的长期发展。

20. **温室气体：**温室气体指的是那些能够吸收地面反射的长波辐射并重新发射辐射，从而导致大气温度升高的气体，主要包括二氧化碳、甲烷、氟利昂等几种气体，其在大气中的浓度增加会引起全球气候变化。

21. **顶层设计：**原工程学术语，本意为统筹各层次、各要素，统揽全局，以期在最高层次上解决问题。该词在中共中央关于“十二五”规划的建议中首次出现，预示着中国改革事业进入了新的征程。

22. **清洁能源：**清洁能源是指不排放污染物，能直接用于生产和生活的能源，其特点为环保，排放少，污染程度小。常见的清洁能源有太阳能、生物能、氢能、风能、海洋能、地热能、水能。

23. **碳达峰：**碳达峰是指温室气体排放量达到峰值后开始下降的过程。碳达峰并不意味着零碳排放，而是指达到峰值后逐步减少。中国承诺2030年前，二氧化碳的排放不再增长，以后每年二氧化碳排放量逐渐减少。

24. **曾国藩：**中国近代史名人，晚清政治家、军事家、理学家、文学家、书法家，同时也是儒家文化的集大成者和洋务运动的发起者，与李鸿章、左宗棠、张之洞并称“晚清中兴四大名臣”。

25. **经学：**经学即研究儒家经典、阐释其义理的学问，是我国古代传统学科，儒学之根本。起源于西汉时期，自汉武帝独尊儒术后，经学成为中国封建文化的正统，为巩固王权服务。

## 二、应用文写作

**【题目解析】**

倡议书是个人或集体提出建议并公开发起的、希望共同完成某项任务或开展某项公益活动时所用的专用书信。一般由标题、称谓、正文、署名、署时五个部分构成。结合题目要求，本文的写作思路如下：

可直接用“倡议书”作为标题，也可附上主要内容，如“关于 ×× 的倡议书”。

倡议书的称谓即此次倡议主要针对的群体，目标明确更容易引起对应群体的重视。但需要注意的是，倡议书本身具有群众性和对象不确定性。也就是说，即便在文中明确了倡议的具体对象，但实际上也可能引起其他群体的响应。

正文是倡议书的主要部分，需要明确倡议的原因，让倡议对象清楚这项活动或任务的重要性。本文中，需要说明残疾人群体的艰难处境以及帮助他们的必要性。需要注意的是，倡议书是一种建议，不能使用强迫、命令的口吻，要用真善美感动人民群众，语言要真挚感人。

文章结尾再次表以决心，呼吁大家行动起来，一起扶残助残。

【参考作文】

## “扶残助残”倡议书

致全社会各界人士：

朋友们，当我们畅谈美好人生的时候，是否想过我们身边还有这样一群人。他们或许一出生就看不见缤纷色彩，听不到动人旋律。也有一些人在生命的某个节点突然被夺去了看到、听到这个世界的能力……生活对他们来说，必将是一场考验。我们习以为常的事情对他们来说却很奢侈。社会上对残疾人群体的误解和不公，让他们的处境更加艰难。

今年助残日的主题是“促进残疾人就业，保障残疾人权益”。我们都知道，提高残疾人群体的就业能力是改善他们生活质量的重要途径，可以帮助他们实现人生价值，收获满足感、幸福感、成就感。但残疾人就业、创业这条路不好走。他们需要我们的帮助。在此，我愿代表青年群体向全社会各界人士发出以下倡议：

一、大力弘扬人道主义精神，倡导友爱、互助的理念，在全社会形成理解、尊重、关心、支持残疾人的良好社会风尚。

二、树立为残疾人服务的思想，在残疾人上学、就业、就医、交通、养老等方面开辟绿色通道，给予力所能及的帮助，切实解决残疾人群体最关心、最现实的问题。

三、壮大志愿队伍，做好志愿工作。让更多的志愿者成为扶残助残良好社会风尚的倡导者、践行者。

四、大力宣传扶残助残典型事迹，营造全社会扶残助残的浓厚氛围，展现全社会关心残疾人、支持残疾人事业发展的新风尚。

涓涓细流汇成大海，点点星光点亮银河。让我们伸出友爱之手，传递人间真情，做一盏照亮他们前行道路的明灯吧！

倡议人：×××

××××年××月××日

# 三、现代汉语写作

【题目解析】

司马光，北宋政治家、史学家、文学家，中国历史上有重大影响的人物。他 7 岁时就做出了砸缸救人的壮举，进入官场后却日趋保守。司马光站在大官僚地主的立场上，坚决抵制王安石等人的变法，并在新法已经取得一些成效的情况下，仍旧因循守旧，主张“祖宗之法不可变”。这一切都与他所处的环境有关。

本篇行文可以从司马光幼时砸缸的事迹讲起，随后引出环境对人的影响。接着，用“孟母三迁”和狼孩的故事阐述环境对人产生的正面 / 负面影响。最后一段再次强调环境对人的发展十分重要，因此，我们亟须营造一个良好的社会环境，引导生活在其中的青年们向善、向美。

【参考作文】

## 近朱者赤，近墨者黑

司马光砸缸的故事家喻户晓，幼年司马光遇到问题不拘于形式，沉着冷静，敢于打破常规。而令人颇为诧异的是，步入官场后的司马光却站在了保守派的一方。原因何在呢？皆因他进入官场后，在忠君思想和宋代理学的熏陶下，成了天命论和保守主义的拥趸者。

孔夫子曾云："与善人居，如入芝兰之室，久而不闻其香，即与之化矣；与不善人居，如入鲍鱼之肆，久而闻其臭，亦与之化矣。"又有人言，"蓬生麻中，不扶自直"。由此可见，环境之于人的影响。

近朱者赤。人是社会的人，每个人的性格品行离不开周边社会环境的影响。我国古代大儒孟子同其母曾住在墓地附近，因此孟子做游戏时，玩的都是下葬哭丧一类的事，他还特别喜欢学造墓埋坟。孟母见了说道："这里不该是我带着孩子住的地方。"于是将家搬到一处集市旁，谁知孟子又玩起了奸猾商人夸口买卖那一类事。孟母又说："这里也不是我该带着孩子居住的地方。"于是又将家搬到了学校旁边。这时孟子所玩的，就是祭祀礼仪、作揖逊让、进退法度这类仪礼方面的东西。孟母遂言："这里才真正是可以让我孩子居住的地方。"于是他们一直居住在此。孟子长大成人之后，学精六艺，成了有名的大儒。通过孟母三迁的故事，我们可以清楚地看到环境之于人的巨大影响。

近墨者黑。大家都听说过"狼孩"的故事，"狼孩"刚被发现时，生活习性同狼一样，用四肢行走，白天睡觉，夜间则外出活动。此外，狼孩怕火，怕光，怕水，饿了就找吃的，吃饱了就睡。他们不喜素食而好吃肉，不会讲话，每到午夜便如狼一般引颈长嚎。人是高度社会化了的人，一旦脱离正常的社会环境，脱离了人类的集体生活，那么人所具有的特性、智力和才能就被抑制了。"狼孩"的故事，又一次证明了环境对人的影响是何等之大。

荀子曰："木受绳则直，金就砺则利。"习近平总书记在庆祝中国共产党成立100周年大会上曾指出，未来属于青年，希望寄予青年。为了培养爱国、敬业、勤奋、友善的新一代青年，我们亟须营造一个积极、健康、文明、向上的社会。

# 宁波大学 2022 年研究生入学考试试题

## 一、名词解释（每小题 2 分）

1. 新冠肺炎
2. 病毒污名化
3. 免疫鸿沟
4. 突发公共卫生事件
5. 密切接触者
6. GDP
7. 存量
8. 商品
9. 产业重构
10. 对外贸易
11. 北伐战争
12. 太平天国
13. 辛亥革命
14. 新民主主义革命
15. 抗日战争
16. 弘忍
17. 曹溪
18.《金刚经》
19.《坛经》
20. 慧能
21. 理雅各
22. 香港公民教育委员会
23. 维多利亚城
24.《香港国安法》

25. 香港中联办

## 二、应用文写作（40 分）

甲建筑公司承包了乙集团的建设工程项目，但未能按计划顺利完工，致使乙集团施工成本增加，企业荣誉受损。你作为甲建筑公司的员工，请就乙集团质检部门经理的索赔报告写一篇回复报告（450 字左右）。

## 三、现代汉语写作（60 分）

玄奘是我国汉传佛教四大佛经翻译家之一，请谈谈他的事迹对翻译从业人员的启示，题目自拟，800 字左右。

# 宁波大学2022年 研究生入学考试试题 参考答案

## 一、名词解释

1. **新冠肺炎：**新型冠状病毒肺炎，是一种由新型冠状病毒引起的、具有较强传染性的新发传染病。该疾病主要通过飞沫、空气、接触以及消化道传播，具有潜伏期，任何年龄段均易感，症状包括发热、咳嗽、呼吸不畅、肢体乏力等。
2. **病毒污名化：**病毒污名化是指将一种病毒与某个特定的种族、国家或地区联系起来，从而导致对该族群或地区的歧视和偏见。新冠疫情爆发后，许多人将病毒与中国联系起来，导致了针对亚裔人群的歧视和攻击。
3. **免疫鸿沟：**即疫苗短缺、分配不均和接种不平衡等现象。少数西方国家大搞“疫苗民族主义”，其囤积的疫苗远远超过本国需求，导致一些发展中国家无“苗”可用，严重浪费社会资源，拖累全球抗疫工作的进行。中国向全球供应超过3.5亿剂疫苗，已成为弥合“免疫鸿沟”的重要力量。
4. **突发公共卫生事件：**指经世界卫生组织宣布、已经发生的或者可能发生的、对公众健康造成或者可能造成重大损失的传染性疾病和不明原因的群体性疫病，亦包括其他危害公共健康的突发公共事件，包括重大食物中毒、职业中毒以及自然灾害等。
5. **密切接触者**：指与疑似或确诊感染某种病毒患者有过直接接触，共同生活、学习、工作、就餐等密切接触史的人员。为迅速发现和控制疫情的传播，需要将密切接触者当作重要追踪对象，对其进行监测和隔离，以防止病毒的进一步传播。
6. **GDP：**即国内生产总值，全称为Gross Domestic Product。GDP是衡量某一国家或地区经济发展综合水平的首要指标，包括特定时间内该国（或地区）所有最终产品和服务的市场价值。该指标经常被用于比较国家之间的经济发展情况，以及衡量一个国家的生活水平和经济健康状况。
7. **存量：**存量属于现代西方宏观经济学中的常用概念，被广泛应用于经济学领域，是指在某一特定时间点上某种经济变量的数值，如资本存量、货币存量等。与流量不同，存量存在时间维度。同时，存量也是衡量一个企业生产规模和资源利用程度的重要指标。
8. **商品：**商品指用于交换的劳动产品、最终以货币形式出售的物品或服务，能够满足人们的需要或欲望。商品包括任何可以交换或出售的物品或服务，从简单的日用品、食品到更复杂的机器设备和服务。

9. **产业重构：**产业重构指传统产业经过转型升级、新兴产业孵化成长过程中的一系列变革和调整，从而形成更高效、更可持续的产业结构。在产业重构的过程中，通常会涉及产业结构、产品结构、技术结构等方面的转型调整。

10. **对外贸易：**指一个国家或地区与其他国家或地区进行货物进出口和国际服务贸易活动，包括出口、进口和再出口。

11. **北伐战争：**北伐战争是中国国共两党合作进行的一次反对北洋军阀统治的战争。目的是推翻北洋军阀政府，建立一个民主、自由和富强的现代国家。北伐战争的胜利使得国家在形式上取得了统一，标志着中国政治体制的根本变革。

12. **太平天国：**太平天国是由洪秀全领导的农民起义所建立的政权，是在旧农民战争条件下反帝反封建的爱国农民战争，为辛亥革命铺平了道路，揭开了中国民主主义革命的序幕，并且提出了中国民主主义革命的基本纲领。

13. **辛亥革命：**辛亥革命是指 1911 年中国爆发的资产阶级民主革命。其目的是推翻清朝的专制统治，挽救民族危亡，争取国家的独立、民主和富强。这次革命结束了中国长达两千年之久的君主专制制度，是一次伟大的革命运动。

14. **新民主主义革命：**中国的新民主主义革命从五四运动开始至新中国成立结束，是由无产阶级领导的，人民大众的，反对帝国主义、封建主义、官僚资本主义的革命，最终建立了民主政权，推翻三座大山，对世界人民产生深刻影响。

15. **抗日战争：**抗日战争是中国共产党倡导的、以国共合作为基础的全民族抗战，也是中华民族第一次取得完全胜利的民族解放战争，是第二次世界大战的重要组成部分和主要战场，为世界反法西斯战争的胜利做出了不可磨灭的贡献。

16. **弘忍：**唐代高僧，中国禅宗史上极其重要的人物。在弘忍时代，禅学才真正发展成为具有全国影响力的佛教宗派，故被尊为“禅宗五祖”。禅宗六祖慧能是其弟子。

17. **曹溪：**曹溪，位于广东曲江双峰山下，以六祖慧能在曹溪宝林寺演法而得名。慧能曾取“曹溪”为号，故恭称禅宗六祖慧能为“曹溪大师”。曹溪被看作“禅宗祖庭”。曹溪水常用以喻指佛法。

18. **《金刚经》：**佛教代表性经典之一，也是目前佛教经典中流传最广的一部经书。相传是佛教创始人释迦牟尼以问答的方式向其大弟子须菩提讲解佛法而宣说的经典。《金刚经》对我国古代封建社会的宗教、文化信仰、社会心理等方面都产生过较大影响。

19. **《坛经》：**中国禅宗的经典著作，佛教思想史上第一部由中国僧人撰述的佛教典籍，记录了禅宗六祖慧能一生说法的事迹，集中体现了其深邃的禅学思想。《坛经》是中华民族优秀文化的瑰宝，其出现标志着中国佛教完全本土化。

20. **慧能：**禅宗六祖，南宗的实际创立者，禅宗伦理思想和实践的倡导者。其一生传宗说法的事迹和启导弟子的言教主要记录在《坛经》一书中，该典籍是禅宗得以开宗立派的根本，标志着中国佛教本土化的完成。

21. **理雅各：**19 世纪英国著名的传教士、汉学家、翻译大家，近代中西方文化交流史上的重要人物。理雅各翻译了大量中国古代儒学经典，一举开创了西方汉学研究的新时代。

22. **香港公民教育委员会：**香港公民教育委员会是香港特区政府下属的公民教育组织，专责处理公民教育，1986 年 5 月成立。该组织旨在提高香港市民对公民教育的认识和实践，鼓励香港各界人士积极推广公民意识、参与公民事务。

23. **维多利亚城：**位于香港岛的西北岸，英国人 1841 年占领香港岛后建成。香港开埠至今，维多利亚城一直是香港的政治和金融中心。分为“四环”，即西环、上环、中环和下环。其边缘立有一组界碑，用于标明维多利亚城的界限，现仅存象征意义。

24. **《香港国安法》：**全称为《中华人民共和国香港特别行政区维护国家安全法》，于 2020 年 6 月 30 日正式颁布。该法案旨在保护香港的国家安全和稳定，防范、制止和惩治威胁国家安全的行为，包括分裂、颠覆、恐怖活动和外部势力干预等行为。

25. **香港中联办：**全称为中央人民政府驻香港特别行政区联络办公室，是中华人民共和国中央人民政府（国务院）在香港特别行政区的代表机构，中央人民政府驻香港的四大机构之一，成立于 1947 年 5 月。其职责是指导和协调香港特别行政区的相关工作，维护香港特别行政区的稳定和发展。

## 二、应用文写作

【题目解析】

索赔答复报告一般由标题、主送机关、正文、落款四个部分构成。结合题目要求，本文的写作思路如下：

正文部分需要首先对索赔方的损失表示歉意，并表示出愿意配合的态度。

接着，简要概述索赔要求的内容和收到索赔要求后采取的措施。随后，需要对索赔方的具体要求进行答复，给出处理结果，注意不要节外生枝，答非所问。对于合理的索赔要求，需要及时给予肯定和赔偿，并感谢对方的信任；对于不合理的请求，需要通过理性沟通寻求妥协之道。

最后，需要总结索赔要求的处理结果，并再次致歉、感谢客户的支持。

【参考作文】

### 关于乙公司索赔要求的回复报告

尊敬的乙公司：

感谢贵司对我司的信任与支持。这次工程中，我们的工作人员出现了一些疏忽，致使贵公司蒙受损失和不便，我司已知悉项目延期给贵公司带来的不便和困难，非常重视贵司提出的索赔要求。在此，我们向您表示深深的歉意。

根据我们的调查和分析，贵司的索赔要求主要包括以下两个方面：

1. 工程延期造成的损失。我司遇到了一些意外事故和技术难题，致使未能按照工期计划完成施工任务，影响了工程进度，这给贵司带来了一定的损失。我们已经组织了专业人员进行测算，认可您提出的索赔金额并将在最短时间内支付。

2. 荣誉损失。我司将根据贵司提供的证据，对荣誉损失进行认真核实，并进行相应的赔偿。

针对贵司的索赔要求，我司已经进行了详细的调查和分析。经过认真核实，我司认为贵司的索赔要求是合理的。我司愿意承担相应的责任，并尽快给贵司一个满意的答复。

最后，我司再次向贵司表示歉意，并承诺做好项目后续的施工工作，确保工程按时交付，继续努力提高工程质量和服务水平，为贵司提供更好的服务。

甲公司

××××年××月××日

## 三、现代汉语写作

【题目解析】

玄奘，中国古代著名佛经翻译家，曾西行求法 19 年（一说 17 年）。学成归国后，于唐太宗、高宗时期组织译场，召集全国富有学识的高僧辅佐其翻译。他利用自己精通华梵、佛法研习造诣高的优势，总共翻译佛经七十多部、一千多卷，开创了佛经翻译史的新时代。

本篇行文可以从玄奘西行取经的艰难历程讲起。玄奘西行取经，历经艰险，困难重重。这也给未来想要进入翻译行业的学生们一个启示，即“世上无难事，只怕有心人”。再者，玄奘之所以能够成为一名成功的翻译家，很大一部分原因是他拥有充足的知识储备。他在佛法上的造诣也造就了其在翻译事业上的成就。本文可以从坚定的信仰和充足的知识储备对于译员的重要性两个方面进行论述。

【参考作文】

### 矢志不渝，进而有为

一千年前，大词人苏轼就曾感叹“古之立大事者，不惟有超世之才，亦必有坚忍不拔之志”。玄奘的一生即是对这句话最真实的写照。他生于儒学世家，少因家贫，跟随二哥住在寺庙里学习佛经。功夫不负有心人，终于在青年时期得到隋炀帝的赏识，剃度出家，后因其对佛法悟性极高，少年得志，誉满京师。

少年成名的玄奘并没有放松懈怠，他在一遍遍研习佛法的过程中，深感各派学说时有分歧，佛经理论不精，翻译不确。25 岁那年，即便没有拿到通关文牒，但对佛法虔诚的信仰最终还是让他毅然决然踏上了西行的道路。路途艰难，他又频频遭捕，险象环生。幸得一路上有诸多贵人赏识、资助，玄奘才得以抵达当时世界上的佛教中心——那烂陀寺。他在那里刻苦研习，终于求得真经。

玄奘的故事并没有止于此。回国后，他同全国富有学识的高僧一起在译经院里翻译佛经，集体译经过程长达 19 年。最终，在玄奘的主持下，共翻译经书 75 部，这也奠定了他在中国佛教史上的地位——汉传佛教四大佛经翻译家之一。

玄奘的成功绝不是偶然。若没有几十年如一日地刻苦钻研佛法，没有追求理想、舍身求法的精神，没有他心心念念牵挂着的王舍城，他绝不可能克服西行路上的艰难困苦。若他是个贪图富贵、爱慕虚荣之人，他定不会毅然谢绝戒日王和印度高僧的挽留，携带经书踏上返乡征程。玄奘坚定的求法信念、势必要为大唐众生带回真经的决心才是他成功的秘诀。理想远大、信仰坚定造就了他。

玄奘的成功绝不是一蹴而就。在西行取经之前，他已经读遍了当时的小乘佛经，被尊称为“三藏法师”，即“最伟大的佛法修行者”。正是他在佛法上极高的造诣，才使得日后的译经成为可能。他多年来的研习都为成为一名成功的翻译家做足了准备。从中，我们也可以得到这样一个启示，即某一领域里成功的翻译家定已精通这一领域的专业知识，这也是确保译文内容准确、质量精良的前提。

鲁迅曾称赞玄奘为“舍身求法，中国的脊梁”。一千多年前，玄奘就已将他成功的秘密告知世人。想要在翻译领域有所成就，就必须有坚定的信仰和执着的毅力，只有这样才能不断推进翻译事业。再者，广博的背景知识、良好的文化素养和专业知识也是译者应当追求的。